observing beast, time, evolution

Kunst und Naturwissenschaft

observing beast, time, evolution

KERBER ART

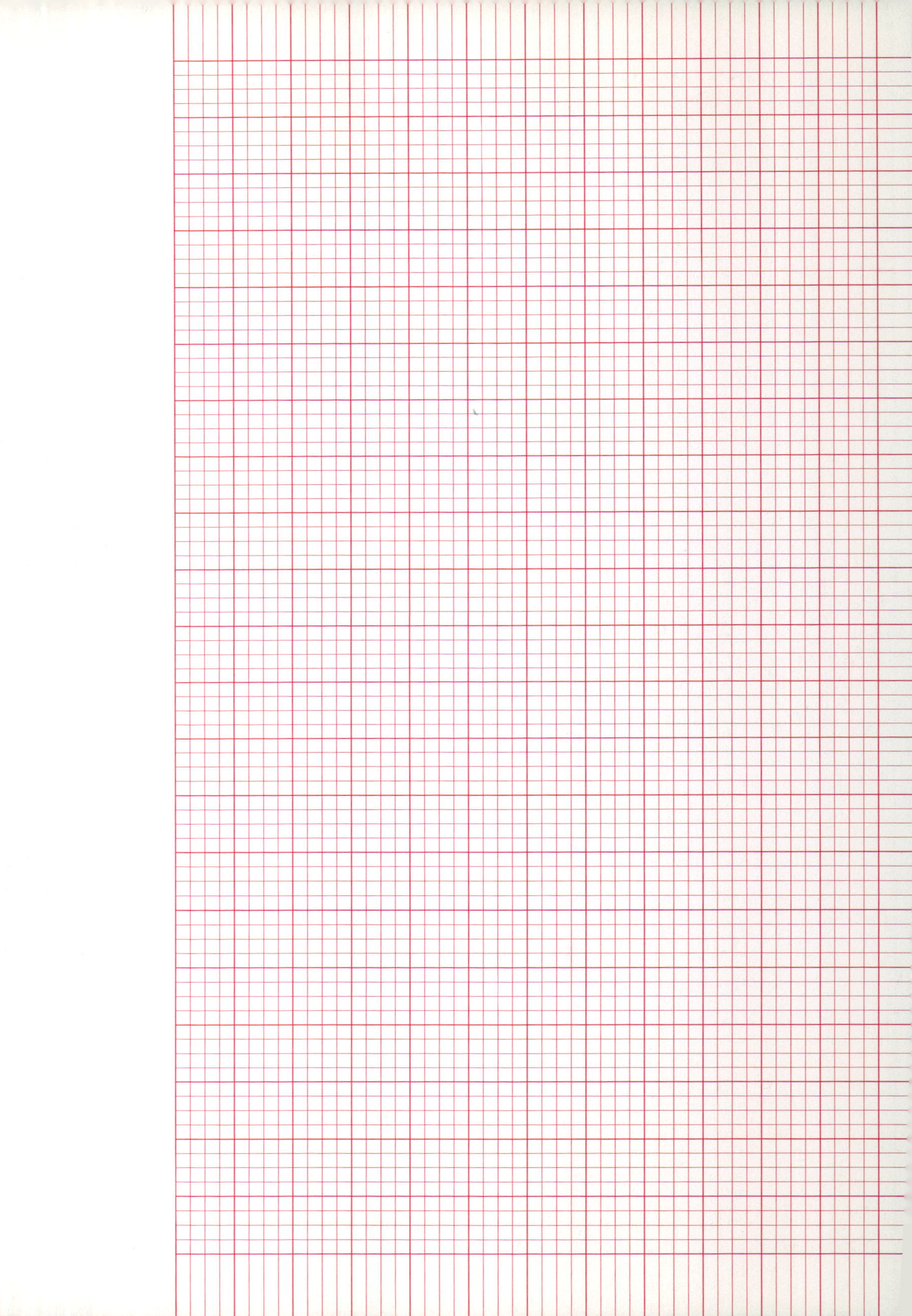

Ein Kooperationsprojekt des Kunstvereins Hildesheim und
des Roemer- und Pelizaeus-Museums Hildesheim

observing beast, time, evolution

Kunst und Naturwissenschaft

Mark Dion, Ursula Hansbauer & Wolfgang Konrad,
Frank Hesse, Katie Holten, Sanna Kannisto,
Künstlerkollektiv finger, Jochen Lempert, Ariane Michel,
Helen Mirra, Jürgen Stollhans & Federico Geller,
Susan Turcot, Lois & Franziska Weinberger

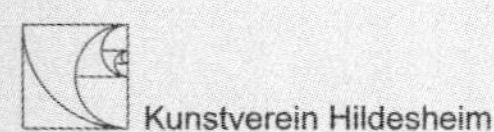

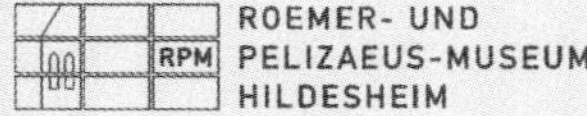

Vorwort

Die Ausstellung „observing beast, time, evolution" findet als Kooperationsprojekt zwischen dem Roemer- und Pelizaeus-Museum und dem Kunstverein Hildesheim zeitgleich in beiden Häusern statt und nähert sich naturwissenschaftlichen Phänomenen und Forschungsansätzen aus zwei Richtungen an, nämlich aus Sicht der Wissenschaft und aus der Perspektive der zeitgenössischen Kunst. Den Ausgangspunkt bildet dabei die Dauerausstellung „Im Wandel der Zeit. Die Erde und ihre Geschichte" des Roemer- und Pelizaeus-Museums. Sie beginnt mit dem Urknall und beschreibt anhand einer Auswahl einzigartiger Objekte die Entstehung allen Lebens, die Genese von Erdöl und Steinkohle sowie die weitreichenden Klimaveränderungen und ihre Folgen für die Evolution. „observing beast, time, evolution" verknüpft diese Inhalte mit heutigen Themen. So sind spätestens seit den verheerenden Wirbelstürmen und Flutkatastrophen der vergangenen Jahre die Folgen von Klimawandel und ökologischen Verfehlungen zunehmend sichtbar und spürbar. In Hinblick auf die Evolutionstheorie lässt sich ausgehend von den USA seit den 1980er Jahren vermehrt Folgendes beobachten: Christliche Welterklärungsmodelle wie das des Kreationismus oder des sogenannten und vermeintlich wissenschaftlichen ID (Intelligent Design) versuchen, die Theorien Charles Darwins in Zweifel zu ziehen und stattdessen die christliche Schöpfungslehre in den Schulbüchern zu verankern.

Vor diesem Hintergrund sind im Rahmen der Ausstellung über ein Dutzend international arbeitender Künstlerinnen und Künstler eingeladen worden, die sich in ihrer Arbeit mit diesen Themenfeldern auseinandersetzen und dabei durch einen naturwissenschaftlichen Zugang in ihren künstlerischen Arbeiten auszeichnen oder sogar neben dem Kunststudium auch das Studium der Biologie oder Geografie absolviert haben. So bedienen sie sich in ihren Arbeiten wissenschaftlicher oder empirischer Methoden als künstlerischer Strategie. Wie es der Titel andeutet, beobachten sie Tiere, reflektieren die vergehende Zeit und widmen sich subtilen Veränderungen in unserer Umwelt. Sie schlüpfen in die Rolle von Amateurforschern, die Bienenkästen aufstellen, Paradiesvögel anlocken oder Gendaten sammeln. Sie begleiten Expeditionen an die Ränder der Erde mit der Verve eines Forschers oder archivieren Bäume, Unkräuter und Insekten im städtischen Raum, um beispielsweise die Verschiebung hinsichtlich der Artenvielfalt zwischen Stadt und Land sichtbar zu machen. Auf diese Art und Weise gelingt es der Ausstellung „observing beast, time, evolution", interdisziplinär neue Einblicke in brisante Themenfelder zu gewinnen, Fragen aufzuwerfen und für die Veränderungen der Umwelt zu sensibilisieren.

Unser allergrößter Dank gilt dem Land Niedersachsen und der Niedersächsischen Sparkassenstiftung für ihre großzügige und für die Ausstellung unverzichtbare Förderung, ebenso auch der Friedrich Weinhagen Stiftung.
Ein weiterer Dank geht an Dr. Jürgen Vespermann, der als Sammlungsleiter der naturkundlichen Sammlung das wissenschaftliche „backing" für die Ausstellung lieferte und bereitwillig den Künstlerinnen und Künstlern Einblicke in die Materie vermittelte. Ein ganz herzlicher Dank geht an Stefan Kaltenbach, der als koordinatorische Schnittstelle zwischen Museum und Kunstverein für eine reibungslose Zusammenarbeit sorgte und damit maßgeblich zum Gelingen der Ausstellung beigetragen hat. Das Begleitprogramm zur Ausstellung wurde durchgeführt in Kooperation mit dem Hildesheimer Museumsverein und der Volkshochschule Hildesheim. Auch hier ein herzliches Dankeschön für die gute Zusammenarbeit und Unterstützung.

Elke Falat
Kuratorin der Ausstellung und Leiterin des Kunstvereins Hildesheim

Sabine Mila Kunz
Kuratorin der Ausstellung

Dr. Katja Lembke
Direktorin des Roemer- und Pelizaeus-Museums

Foreword

The exhibition *observing beast, time, evolution* takes place concurrently as a joint project in the Roemer- und Pelizaeus-Museum and the Kunstverein Hildesheim. It approaches scientific phenomena and scholarly modus operandi from two directions, namely from the perspectives of science as well as contemporary art. The starting point is provided by the permanent exhibition *Evolution of Time – The Earth and its History* in the Roemer- und Pelizaeus-Museum. It starts with the Big Bang and describes the development of all life, the origins of fossil oil and coal, as well as far-reaching climate changes and their consequences for evolution based on a selection of unique objects. *observing beast, time, evolution* links these contents to current topics. The consequences of climate change and ecological transgressions have, at the very latest, become increasingly conspicuous through the devastating hurricanes and flood disaster of recent years. With regard to evolution theory, it can be increasingly seen in the United States since the nineteen eighties that Christian world models such as Creationism or the so-called, supposedly scientifically-based ID (Intelligent Design) attempt to cast doubts on Charles Darwin's theories and anchor the Christian theology of creation in their school books instead.

Against this background, more than a dozen internationally active artists have been invited in the context of the present exhibition whose works deal with these themes and are characterized by a scientific approach or artists who even studied biology or geography along art. They thus employ scientific or empirical methods in their works as artistic strategies. As the title suggests, they observe animals, reflect upon the passage of time and devote themselves to subtle changes in our environment. They slip into the role of amateur scientists setting up beehives, baiting birds of paradise, or collecting gene data. They undertake expeditions to the edges of the earth with the verve of an explorer or archive weeds, insects, and trees in the urban space in order to make the shifts with respect to biodiversity between town and country visible. In this way, the exhibition *observing beast, time, evolution* is able to attain new interdisciplinary insights into explosive range of topics, pose questions, and to sensitize viewers to changes in the environment.

Our greatest debt of gratitude goes to the State of Lower Saxony and the Niedersächsische Sparkassenstiftung in addition to the Friedrich Weinhagen Stiftung for their generous and decisive support of the exhibition. Further thanks go to Dr. Jürgen Vespermann who as head of the natural historical collection provided the scientific "backing" for the exhibition and readily arranged for the artists to access the material. Very cordial thanks go to Stefan Kaltenbach who, as the coordinating link between the museum and the Kunstverein ensured a smooth cooperation, and thus making a decisive contribution to the exhibition's success. The program accompanying the exhibition was carried out in cooperation with the Hildesheim Museumsverein and the Volkshochschule Hildesheim. Here, too, we send cordial thanks for the good cooperation and support.

Elke Falat
Curator of the exhibition and Director of the Kunstverein Hildesheim

Sabine Mila Kunz
Curator of the exhibition

Dr. Katja Lembke
Director of the Roemer- und Pelizaeus-Museum

Kunst und Naturwissenschaft –
Gescheiterte Paarbeziehung oder Komplizenschaft?

Wenn man Wissenschaft und Kunst allgemein charakterisiert, haben diese auf den ersten Blick wenig gemeinsam. Wissenschaft unterliegt in der Regel Kriterien, die objektiv, nachprüfbar, eindeutig und logisch sind. Kunst hingegen beharrt auf Subjektivität, folgt ihren eigenen Gesetzen, die auch irrational sein können, und zeichnet sich durch Offenheit, Polysemie und heterogene Zugangsmöglichkeiten aus. Blickt man zurück, lässt sich feststellen, dass Kunst und Wissenschaft keineswegs immer getrennt waren, sondern dass das Verhältnis durch eine gegenseitige Annäherung und Abgrenzung geprägt ist. Waren Kunst und Wissenschaft in der Antike ursprünglich einem gemeinsamen Wissensbereich zugeordnet, differenzierte bereits Aristoteles zwischen „Kunst" als der herstellenden *téchne* und „Wissenschaft" als der betrachtend-denkenden *theoría* und prägte damit bis in die frühe Neuzeit den abendländischen Bildungskanon.[1] Leonardo da Vinci, Universalgenie, Künstler und Wissenschaftler gleichermaßen, steht symptomatisch für die in der Neuzeit stattfindende Aufweichung und Annäherung des so lange gepflegten Gegensatzes von Kunst und Wissenschaft. Die Einheit von Wissenschaft, Kunst und Technik war so auch lange das Postulat der Aufklärung. Wunderkammern, die naturwissenschaftliche Objekte Seite an Seite mit Kunstwerken präsentierten, zeugen davon. Im Zuge der Ausdifferenzierung unterschiedlicher Wissenschaftsdisziplinen, die auch eine starke visuelle Komponente hatten, wie beispielsweise Botanik, Anatomie oder Zoologie, stieg das Interesse an bildlicher Darstellung als einem Instrument der Erkenntnis. Der Kunsthistoriker und Bildtheoretiker Horst Bredekamp führt als prominentes Beispiel Charles

1 Vgl. Wolfgang Welsch: *Kunst und Wissenschaft, Gegengedanken zur Biennale*, in: *Kunstforum International*, Bd. 85, 1986, S. 124, und Erna Fiorentini: *Naturwissenschaft und Kunst*, in: Pfisterer, Ullrich (Hrsg.), *Metzler Lexikon Kunstwissenschaften. Ideen, Methoden, Begriffe*, J. B. Metzler, Stuttgart/ Weimar, S. 244–248

2 Vgl. Horst Bredekamp: Darwins Korallen. Frühe Evolutionsmodelle und die Tradition der Naturgeschichte, Wagenbach, Berlin 2005, sowie Julia Voss: Augenflecken und Argusaugen: Zur Bildlichkeit der Evolutionstheorie, in: Horst Bredekamp und Gabriele Werner (Hrsg.), Bilderwelten des Wissens. Kunsthistorisches Jahrbuch für Bildkritik. Oberflächen und Theorien, Akademie Verlag, Berlin 2003, S. 75ff

3 Vgl. Horst Bredekamp: Drehmomente. Merkmale und Ansprüche des Iconic Turn, in: Christa Maar und Hubert Burda (Hrsg.), Iconic Turn: Die neue Macht der Bilder, Köln 2004, S. 17

4 Zum Beispiel: Say it isn't so, Neues Museum Weserburg, Bremen

5 Vgl. Susanne Witzgall in: Kunst nach der Wissenschaft. Zeitgenössische Kunst im Diskurs mit den Naturwissenschaften, Verlag für moderne Kunst, Nürnberg 2003, S. 432

Darwin und sein 1859 erschienenes Buch „The Origin of Species" an, das eine für die damalige Zeit geradezu überbordende Fülle an Abbildungen enthielt.[2] Für Bredekamp steht jedoch fest, dass es umgekehrt für den Status des Bildes in der Moderne von beträchtlicher Bedeutung war, dass Darwin sein System der Evolution nicht durch die Analyse der Naturvorgänge an sich, sondern durch die beschreibende Erläuterung eines Bilddiagramms entwickelt hat.[3] Die Malerei der klassischen Moderne wiederum war inspiriert von vielen naturwissenschaftlichen Neuerungen, überwiegend aus der Physik. Der Kubismus verabschiedet sich vom dreidimensionalen euklidischen Raum; Wassily Kandinsky war fasziniert von der Atomphysik und sah Analogien zwischen dem Zerfall des Atoms und dem seelischen Erleben des Zerfalls der ganzen Welt. Von dem Import wissenschaftlicher Methoden in die Kunst versprach man sich auch eine Überwindung der akademischen Traditionen. Die Wissenschaft galt damit als Garant für Fortschritt, der man große Hoffnung auf Wirksamkeit entgegenbrachte.

Und wie stellt sich das Verhältnis von Kunst und Wissenschaft heute im 21. Jahrhundert dar? Eine Reihe von Ausstellungen[4] in der letzten Zeit zeugt von dem Interesse und der Relevanz der Interdependenz zwischen diesen beiden unterschiedlichen Feldern. Dabei wird deutlich, dass es in der derzeitigen Auseinandersetzung von Kunst und Naturwissenschaft weder darum geht, allgemeingültige Demarkationslinien der beiden Bereiche festzulegen, noch gemeinsame Nenner zu suchen. Vielmehr kommentiert, konterkariert, simuliert, adaptiert und dekonstruiert Kunst die Wahrnehmung von Naturwissenschaft, die so elementar prägend für unser heutiges Weltverständnis und zugleich immer weniger fassbar geworden ist. Für die Kunsthistorikerin Susanne Witzgall geht es den Künstlerinnen und Künstlern nicht mehr primär darum, spirituelle Wirklichkeiten und höhere Wahrheiten zu entdecken, sondern die epistemologische Basis, die Vorgehensweisen und Vereinbarungen der Naturwissenschaften zu hinterfragen.[5]

Die Ausstellung „observing beast, time, evolution. Kunst und Naturwissenschaft" ist in den Kontext der paläontologischen Sammlungen, die in den zwei Dauerausstellungen „Erde im Wandel der Zeit" und „Frühe Menschen" präsentiert werden, eingebettet. Beide beschreiben sie anhand von Fossilien, Mineralien und Knochenfunden die Entstehung allen Lebens und die Entwicklung des Menschen und berühren damit Fragen, die derzeit gesellschaftlich Konjunktur erfahren: Klimawandel, Artensterben oder auch die zunehmende

Infragestellung der Evolutionstheorie Darwins zugunsten einer christlichen Schöpfungslehre.[6]

Die Ausstellung „observing beast, time, evolution" will keine Analogiebildung zu den Objekten und Themen der Sammlung herstellen, sondern den Faden von Fragen und Phänomenen, die in der Sammlung aufgeworfen und thematisiert werden, aufnehmen und aus künstlerischer Sicht assoziativ fortführen. Dadurch ist es möglich, einen anderen Blick auf bestimmte Sachverhalte zu gewinnen, der innerhalb der Grenzen der eigenen Disziplin vielleicht so nicht möglich ist. Dabei bedienen sich die eingeladenen Künstlerinnen und Künstler auch wissenschaftlicher Herangehensweisen. Sanna Kannisto begleitete für ihre Fotoserie „act of flying, amazilia tzacatl" biologische Forschungsteams in den brasilianischen Regenwald, und Ariane Michel folgte in ihrer Videoarbeit „Sur la Terre" einer Expedition nach Grönland. Unter Beobachtung standen bei Kannisto und Michel die Natur, die Forscherinnen und Forscher, aber auch die Art und Weise, wie diese das Wissen über Flora und Fauna zusammentragen und so entscheidend das Bild prägen, das von Natur und Wildnis vermittelt wird. Damit stehen sie inhaltlich der Arbeit von Mark Dion nahe, der sich mit der Phänomenologie der Naturwissenschaft und Wissenschaftsgeschichte beschäftigt und musealer Repräsentationsformen – wie in der Arbeit „Tar Museum" durch die Verwendung von Vitrinen, Sockeln und ausgestopften Tieren – bedient. Auch Katie Holten spielt in ihrer Arbeit „Die Entwicklung der" auf diese Darstellungsform an, indem sie ihre aus Pappmaschee gefertigten Steine in Vitrinen präsentiert. Nur handelt es sich dabei nicht um Repliken alter Mineralien, sondern um sogenanntes „Carbon Capture"-Gestein einer zukunftsträchtigen Technologie der CO_2-Abscheidung und -Speicherung, von der sich viele Menschen einen erheblichen Beitrag zum Klimaschutz erhoffen.

Die Dimension Zeit, die der Titel der Ausstellung konnotiert, kommt vor allem in den Arbeiten von Helen Mirra, Frank Hesse und Jochen Lempert zum Tragen. Mirra kombiniert in ihrer skulpturalen Arbeit „Metamorphosed" bemaltes Gestein, Flechten und abgetragene Kleidungsstücke. In der Zusammenschau ergibt sich daraus ein Konglomerat verschiedener Zeitlichkeiten: Die der Person, die die Kleidung getragen hat, die von den Flechten, die viele Jahrhunderte alt werden können und im Jahr, je nach den klimatischen Bedingungen, nur bis zu einem Millimeter wachsen, und die des Gesteins. Ähnlich geht Frank Hesse in seiner Videoarbeit „Die Schildkröten der Galerie Tschudi" vor, der die in einem Skulpturenpark lebenden Schildkröten einen Tag lang vor

6 Nach einer Untersuchung der Forschungsgruppe Weltanschauung in Deutschland aus dem Jahr 2005 stimmen rund 13 Prozent der Befragten der christlich-biblischen Lehre von der Entstehung der Welt und des Lebens zu. Ein Viertel (25 Prozent) stimmten der Auffassung zu, dass ein Höheres Wesen bzw. Gott das Leben erschuf, und es sich unter dessen Kontrolle langsam entwickelte. Drei Fünftel (61 Prozent) stimmten mit der wissenschaftlichen Theorie der Evolution überein. http://fowid. de/fileadmin/datenarchiv/ Evolution_Kreationismus_ Deutschland__2005.pdf

der Kulisse der Glarner Alpen aus drei verschiedenen Kameraperspektiven in Echtzeit gefilmt hat und so die verschiedenen Maße von Zeit miteinander in einen Dialog bringt. Die großformatigen Schwarz-Weiß-Fotografien „Vézère-Hafte" von Jochen Lempert stellen Eintagsfliegen im Strahl eines Scheinwerfers in den Mittelpunkt, die sich durch die lange Belichtungszeit in zarte Lichtspuren auflösen.
Susan Turcots Zeichungen zeigen häufig politische und ökologische Brennpunkte wie beispielsweise den Raubbau an den letzten großen zusammenhängenden Waldgebieten in Brasilien oder Kanada. Diese gibt sie einerseits dokumentarisch und detailliert wieder, ähnlich einer Reportage. Indem sie diese häufig durch fantastische Elemente ergänzt, oder wie im Fall der Arbeit „Faultline" an einem fiktiven Ort ansiedelt, verweigert sie sich jedoch einer Realitätsbehauptung und thematisiert darüber hinaus den Prozess des Zeichnens als einen subjektiven Übersetzungsvorgang der Wahrnehmung.

Umfangreiche Recherchearbeiten gingen der Installation „Niemandsland" von Ursula Hansbauer und Wolfgang Konrad voraus, in der sie die Rolle von Gendatenbanken in Bezug auf die Patentierungen von Saatgut analysieren und deren Auswirkungen sichtbar machen. Neben dem Aufzeigen von diesen gesellschaftlich hoch brisanten Entwicklungen spannen sie einen Bogen zurück ins Jahr 1936, zu einer Expedition der Deutschen Forschungsgesellschaft an den Hindukusch. Sie betreiben so – wie Jürgen Stollhans und Federico Geller – eine Form der Revision von Wissenschafts- und Sozialgeschichte. Stollhans und Geller, der auch Biologe ist, beschäftigen sich seit längerer Zeit mit Evolutionstheorie. In ihrer Arbeit „Sorry Ham!" erzählen sie die Geschichte des prominenten Versuchsaffen Ham, der als erster Primat im Rahmen eines Forschungsprogramms der NASA 1961 im Weltraum war. In der Kombination aus fiktiven Elementen und fundiertem wissenschaftlichem Material gelingt es ihnen auf humorvolle Weise, den seriösen Habitus der Wissenschaft als Garant für Objektivität und verbriefte Wahrheit zu dekonstruieren.
Das Künstlerkolletiv finger interessiert sich für gesellschaftliche und ökologische Prozesse gleichermaßen. Mit dem Projekt Stadtimkerei haben sie Bienenkästen im Stadtraum platziert, da die biologische Vielfalt und der Ertrag an Honig dort mittlerweile oftmals höher ist als auf dem Land. Anhand von Pollenanalysen machen sie ökologischen Veränderungen und Verschiebungen der Artenvielfalt vom Land- zum Stadtraum sichtbar. Städtische Brachen und Sukzessionsflächen bilden auch bei den Arbeiten von Lois und Franziska Weinberger

häufig den Ausgangspunkt. Ihre „mobilen Gärten"– mit Erde befüllte Tragetaschen – haben sie rechtzeitig im Stadtraum platziert, damit sich dort über den Sommer wild angeflogene Sämereien ansiedeln konnten.

Insgesamt liegt in der Kombination von Naturwissenschaft und Kunst die Chance, darin zwei Forschungsstränge miteinander zu verbinden und neue Sichtweisen zu induzieren. Die Kunst greift Themen auf, die mitunter durch das kartesianische oder disziplinäre Raster fallen, das im Rahmen von offiziellen akademischen Wissenssystemen entstehen kann. Sie legt Widersprüche offen, stellt Zusammenhänge her, die in den Grenzen der wissenschaftlichen Disziplinen häufig nicht denkbar sind. Sie liefert keine einfachen Antworten oder Lösungen, sondern wirft Fragen auf, von denen aus weitergedacht werden kann. Genau so, wie es die Wissenschaft eigentlich auch macht.

Elke Falat

Art and Natural Science
Failed Couple-Relationship or Complicity?

1 Cf. Wolfgang Welsch: Kunst und Wissenschaft, Gegengedanken zur Biennale in: Kunstforum International, vol. 85, 1986, p. 124, and Erna Fiorentini: Naturwissenschaft und Kunst in: Ullrich Pfisterer (ed.), Metzler Lexikon Kunstwissenschaften. Ideen, Methoden, Begriffe, J. B. Metzler, Stuttgart/ Weimar, pp. 244–248

2 Cf. Horst Bredekamp: Darwins Korallen. Frühe Evolutionsmodelle und die Tradition der Naturgeschichte, Wagenbach, Berlin 2005, as well as Julia Voss: Augenflecken und Argusaugen: Zur Bildlichkeit der Evolutionstheorie in: Horst Bredekamp and Gabriele Werner (eds.), Bilderwelten des Wissens. Kunsthistorisches Jahrbuch für Bildkritik. Oberflächen und Theorien, Akademie Verlag, Berlin 2003, p. 75ff

If one characterizes science and art in general, they seem at a first glance to have little in common. As a rule, science is subject to criteria which are objective, verifiable, unambiguous and logical. Art, on the other hand, is based on subjectivity, follows its own laws, which may even be irrational, and is characterized by openness, polysemy, and heterogeneous possibilities of access. A retrospective view makes it clear, however, that art and science were in no way always separate, but that their relationship is marked by a mutual proximity and differentiation. If in antiquity art and science were originally assigned to a common domain of knowledge, Aristotle already distinguished between "art" as the producing *téchne* and "science" as the thinking-contemplating *theoría*, and he thereby established a distinction which remained valid in the Western cultural canon into early modern times.[1] Leonardo da Vinci, simultaneously a universal genius, artist and scientist, stands symptomatically for the softening and convergence of the dichotomy between art and science which had been cultivated for so long. The unity of science, art and technology was also a postulate of the Enlightenment for a long time. This is evidenced by the chambers of wonders which presented objects from the natural sciences alongside works of art. But during the course of the growing differentiation among various scientific disciplines which had a strong visual orientation – for example botany, anatomy or zoology – interest also grew in pictorial representation as a cognitive instrument. The art historian and visual theoretician Horst Bredekamp cites as a prominent example in this regard Charles Darwin and his book *The Origin of the Species*, published in 1859 and containing what was for that era a veritable superabundance of illustrations.[2] It is also clear for Bredekamp, however, that on the other hand it was of great significance for the status of the image in modern times that

Darwin developed his system of evolution, not through an analysis of natural processes in themselves, but through the descriptive explanation of a pictorial diagram.[3] The painting of classical modernism, in turn, was inspired by many innovations in the natural sciences, predominantly in physics. Cubism takes its leave of three-dimensional Euclidian space; Wassily Kandinsky was fascinated by atomic physics and formed analogies between the disintegration of the atom and his own emotional experience of the disintegration of the entire world. The importation of scientific methods into art was also seen as a promising means of overcoming academic traditions. Science was thereby considered to be the guarantor of progress, in whose efficacy great hope was placed.

And what is the situation today with the relationship between art and science in the twenty-first century? A series of recent exhibitions[4] bears witness to the interest in and relevance of the interdependence between these two different fields. It becomes clear that, in the current encounter between art and natural science, it is a matter neither of establishing universally valid lines of demarcation between the two areas nor of discovering common denominators. Instead art commentates, counteracts, simulates, adapts and deconstructs the perception of natural science which is of such fundamental importance for our contemporary understanding of the world and which, at the same time, has become more and more incomprehensible. For the art historian Susanne Witzgall, all artists are no longer primarily concerned with discovering spiritual realities and higher truths, but instead with investigating the epistemological basis, the procedures and conventions of the natural sciences.[5]

The exhibition *observing beast, time, evolution. Kunst und Naturwissenschaft* (observing beast, time, evolution. Art and Science) is embedded in the context of the palaeontological collections which are presented in the two permanent exhibitions *Erde im Wandel der Zeit* (The Earth over the Course of Time) and *Frühe Menschen* (Early Humans). With fossils, minerals and finds of bones, the exhibitions describe the creation of all life and the development of the human species. They accordingly touch upon questions currently receiving much attention in various societies and dealing with such issues as climate change, species extinction or the increasing questioning of Darwin's theory of evolution in favor of Christian creation doctrine.[6] The goal of *observing beast, time, evolution* is not to establish analogies to the objects and themes of the collections, but instead to take up the threads of those issues and phenomena which are raised and thematized in the collections and, from an artistic perspective, to spin them further in an associative manner. It is thereby possible to attain another viewpoint concerning certain facts and circumstances, one which would perhaps not be possible within the borders of one's own discipline. The invited artists also make use of scientific approaches. Thus for her photographic series

3 Cf. Horst Bredekamp: Drehmomente. Merkmale und Ansprüche des Iconic Turn, in: Christa Maar and Hubert Burda (eds.), Iconic Turn: Die neue Macht der Bilder, Köln 2004, p. 17

4 E.g. Say it isn't so, Neues Museum Weserburg Bremen

5 Cf. Susanne Witzgall, in: Kunst nach der Wissenschaft. Zeitgenössische Kunst im Diskurs mit den Naturwissenschaften, Verlag für moderne Kunst, Nürnberg 2003, p. 432

6 According to an investigation by the research group Weltanschauung in Deutschland from 2005, around 13 percent of those interviewed believe in the Christian-Biblical doctrine of the creation of the world and of life. One quarter (25 percent) agree with the concept that a Higher Being or God created life, and that under His control it slowly developed. Three fifths (61 percent) are in accord with the scientific theory of evolution. http://fowid.de/fileadmin/daten-archiv/Evolution_Kreationismus_Deutschland__2005.pdf

act of flying, amazilia tzacatl, Sanna Kannisto accompanied biological research teams into the Brazilian rainforest, and Ariane Michel followed an expedition to Greenland. Kannisto and Michel observed not only nature, but also the researchers and the manner in which they collect data concerning flora and fauna and thereby have a decisive impact on what image of nature and wilderness is conveyed. Thus on the level of contents, they are close to the work of Mark Dion, who concerns himself with the phenomenology of natural science and the history of knowledge, and thereby, such as in the work *Tar Museum*, makes reference to representational forms in museums such as window display cases, pedestals and stuffed animals. Katie Holten also plays upon presentations in museums with her work *Die Entwicklung der*, in which she displays her stones made out of papier mâché in vitrines – only that it is matter, not of replicas of age-old minerals, but of so-called "carbon-capture" rocks from a promising technology of CO_2 precipitation and storage, from which many people expect a considerable contribution to climate protection in the future.

The dimension of time, which is also indicated in the title of the exhibition, comes to the fore especially in the works of Helen Mirra, Frank Hesse and Jochen Lempert. In her sculptural work *Metamorphosed*, Mirra combines painted stones, lichen and worn-out pieces of clothing. What arises in the composite view is a conglomerate of various temporalities: that of the person who once wore the clothing; that of the lichen, which can become centuries-old and, depending on climatic conditions, grow up to a maximum of one millimeter annually; and that of the rocks. Similarly, in his video work *Die Schildkröten der Galerie Tschudi* (The Turtles of the Tschudi Gallery), Frank Hesse filmed over the course of a day turtles living in a sculpture park, against the background of the Glarner Alps from three different camera perspectives in real time, thereby bringing the various measurements of time into a dialogue with each other. The large-format, black-and-white photographs *Vézère-Hafte* by Jochen Lempert show in the beam of a spotlight mayflies which, through the long exposure time of the shots, dissolve into delicate traces of light.
Susan Turcot's drawings frequently have political or ecological focuses such as, for example, the overexploitation of the last large and untouched forest areas in Brazil or Canada. On the one hand, she presents this process in a detailed and documentary manner, like a reportage. But on the other hand, inasmuch as she frequently complements the depiction with fantastical elements or – as in the case of the work *Faultline* – situates it at a fictitious location, Turcot avoids an assertion concerning reality and, furthermore, thematizes the process of drawing as a subjective procedure for translating perception.

Extensive investigative work preceded the installation *Niemandsland* (No-Man's Land) by Ursula Hansbauer and Wolfgang Konrad, in which they analyze the role of genetic databanks in relation to the patentings of seed varieties and also reveal their effects. In addition to depicting these socially explosive developments, they build a bridge to the year 1936, to an expedition of the German Research Society to the Hindu Kush. Thus – just like Jürgen Stollhans and Federico Geller – they pursue the revision of a stretch of scientific and social history. Stollhans and Geller (who is also a biologist) have occupied themselves for a long time with the theory of evolution. In their work *Sorry Ham!* they tell the story of the famous experimental monkey Ham who, during 1961 in the framework of a NASA research program, was the first primate in space. Through the combination of fictitious elements and well-grounded scientific material, the two artists are able in a humorous manner to deconstruct the serious demeanor of science as the guarantor of objectivity and certified truth.

The artists' collective "finger" is interested equally in social and ecological processes. With the project *Stadtimkerei* (Urban Apiary), they set up boxes containing beehives in municipal spaces, where the biological diversity and yield of honey in the meantime is often higher than in rural areas. On the basis of analyses of pollen, they bring to light ecological transformations and shifts of species-diversity from rural to urban spaces. Municipal wasteland and successive acreage also frequently constitute the point of departure for the works of Lois and Franziska Weinberger. Thus they placed carrying bags filled with soil as *Mobile Gärten* at various city sites so that, over the course of a summer, seeds could flourish after being blown there by chance.

Altogether, the combination of natural science and art provides a chance to intertwine two investigative threads and thereby to develop new perspectives. Art takes up themes that in the meantime have come to fall through that Cartesian or disciplinary grid which can arise in the context of official systems of academic knowledge. It reveals contradictions and generates interconnections which are frequently inconceivable within the borders of scientific disciplines. Art does not deliver any simple answers or solutions, but instead raises questions which serve as the points of departure for further thought – just as science in fact does as well.

Elke Falat

„Lassen Sie uns die Freiheit genießen, Kuhmilch trinken und grasen."
Abendländische Projektionen auf Natur, Kultur und Wildnis

Künstler und Wissenschaftler verbindet das Beobachten. Beiden gemeinsam ist auch die Suche nach Darstellungen[1], Erkenntnissen und Möglichkeiten. Im Ausstellungstitel „observing beast, time, evolution" steht deshalb das beobachtende Moment an erster Stelle. „Beast" meint das wilde, ungezähmte Tier und auch alle anderen Lebewesen, die sich im Verlauf der Erdzeiten entwickelt haben, ausgestorben sind, neu geboren wurden. „Time" ist die uns Menschen in die Unendlichkeit reichende Entstehungszeit des Universums und der Erde. Auf ihr verweilen wir Menschen im Zusammenhang der Erdalter für einen Augenblick, der flüchtiger ist als das Leben einer Eintagsfliege. Und schließlich geht es in der Ausstellung um „Evolution" – sowohl im engeren Sinn, als Entwicklung der Natur, als auch im weiteren um Chancen der Kunst. Evolution basiert auf Bestehendem, richtet sich nach den Gegebenheiten, und ist, was die Zukunft betrifft, offen.[2]

Die stammesgeschichtliche Evolution von Natur ist aber nicht die Klammer, die die Ausstellung zusammenhält. Den thematischen Hintergrund der Gruppenschau bildet die Entwicklung unseres Naturbegriffs. Natur ist demnach nichts Gegebenes, sondern abhängig von den Vorstellungen des Menschen in seiner Epoche. Entsprechend hat sich mit der Entwicklung der abendländischen Kultur unsere Naturauffassung im Verlauf der Jahrhunderte radikal verändert. Die Kunst war davon Teil – als auch immer um Distanz bemühtes Korrektiv. Diesen Rahmen skizziere ich im Folgenden, bevor auf den einzelnen Seiten der Künstler deren Strategien vorgestellt werden.

1 Paul-Armand Gette, Von meinem geringen Interesse an der Zukunft, in: Reiner Matysik (Hrsg.), Zukünftige Lebensformen, Vice Versa, Berlin 2000

2 Vgl. Reichholf, Was stimmt? Evolution. Die wichtigsten Antworten, Herder, Freiburg 2007, S. 89ff

„Dies ist nicht der von den Dichtern besungene Frühling mit seinen linden Düften, seinem Vogelgezwitscher und zartem Grün. Hier ist nichts als der erbarmungslose Kampf des Wachsens, das panische Entsetzen vor den aufsteigenden Säften, die beängstigende Umgruppierung der Zellen. Es ist, als beobachteten wir ein Drama unter einem Mikroskop." (Jacques Rivière 1913 in einer Kritik zu Strawinskys Ballett „Le Sacre du Printemps")[3]

Die Uraufführung von Strawinskys „Le Sacre du Printemps" in Paris schockiert das Publikum. Das Stück setzt weder auf spätromantische noch auf melodische Effekte, sondern provoziert mit rhythmischen Elementen und monoton wirkenden Klangformen. Nicht das idyllische Frühlingserwachen wird getanzt, sondern das „panische Entsetzen" inmitten der Natur. Kurz vor Ausbruch des Ersten Weltkrieges hat die Schöpfung ihre Ganzheit verloren und wird wie mit dem Operationsmesser bis ins Detail seziert. Eine solche Interpretation als „biologisches Ballett"[4] ist möglich, nachdem das Weltbild der Zeitgenossen mit naturwissenschaftlichen Erkenntnissen erschüttert wurde. Nicht umsonst hat Sigmund Freud Darwins Evolutionstheorie von 1859, wonach der Mensch nicht von Gott geschaffen, sondern lediglich letztes Glied einer langen Evolutionskette ist, als „große Kränkung" bezeichnet.[5] Im psychoanalytischen Sinn von Freud werden starke Gefühle fortan auf die Natur übertragen. Emotionalität wird zu einem Aspekt der Moderne, der sich mit den modernen Medien weiter steigern lässt und bis ins Heute mit Phänomenen wie dem Eisbären Knut andauert.

Strawinskys Stück entsteht zu Beginn des 20. Jahrhunderts, just zu dem Zeitpunkt, als das gegensätzliche Verhältnis von Kultur und Natur endgültig kippt. Seither ist Natur positiv besetzt und Kultur negativ. Das war lange Zeit anders. Noch bis ins 17. Jahrhundert entspricht die Natur jener Wildnis, die es außerhalb der Zivilisation zu bekämpfen gilt und die im mittelalterlichen Europa noch etwa 95 Prozent der Fläche bedeckt. Natur bedeutet Gefahr, und ihre Zähmung erreicht im absolutistischen Zeitalter ihren ersten Höhepunkt. Die Architekten barocker Gärten orientieren sich an den Erfindungen in Mathematik, Geometrie und Mechanik. Mit exaktem Formschnitt und der Ausrichtung auf die Mitte ist der französische Barockgarten darüber hinaus ein Abbild der absolutistischen Weltordnung, wie es Norbert Elias nachgewiesen hat.[6]

Hundert Jahre später verändert sich die Gestaltung des Gartens radikal. Die neuen englischen Landschaftsparks wirken im 18. Jahrhundert

3 Harald Hodeige, in: Faltblatt der Orchesterakademie, Schleswig-Holstein Musik Festival, Salzau 2008

4 Ebd., Zitat des französischen Literaturkritikers Jacques Rivière (1886–1925)

5 Vgl. Carsten Stütz, 3000 Jahre in der Wildnis, in: Du, Wildnis. Letzte freie Plätze, Heft 726, 5/2002, S. 82

6 Vgl. Norbert Elias, Die höfische Gesellschaft, in: Gesammelte Schriften Bd. 2, Frankfurt 1969

wie wild gewachsen. Doch ihre verschlungenen Wege und idyllischen
Aussichtspunkte sind noch genauso artifiziell wie die Ideallandschaften
des Malers Claude Lorrain. Beim Anblick arkadisch anmutender Naturschauspiele wird die Harmonie mit der Natur gesucht. Die aufkommende Naturphilosophie wünscht sich mit Jean-Jacques Rousseau den
Menschen als „l'homme original" und ein Zurück zur Natur. Derlei
Utopiegedanken werden zwar formal in botanischen Anlagen umgesetzt – darüber hinaus finden sie inhaltlich wenig Zuspruch.

**„Kommen Sie zu mir, erholen Sie sich in der heimatlichen Luft;
lassen Sie uns die Freiheit genießen, Kuhmilch trinken und grasen."**
(Voltaire an Rousseau)[7]

Das schreibt ein boshafter Voltaire, nachdem Rousseaus „Discours" 1755
erschienen ist. Eine eigentümliche Dialektik tut sich auf: Die Natur
rückt dem Menschen gefühlsmäßig näher, je weiter er sich geistig und
materiell von ihr entfernt.

Der Aufklärung folgt kulturgeschichtlich eine ambivalente Romantik –
wie es die weiten Landstriche mit dampfenden Lokomotiven des Malers
William Turner andeuten. Die Sensibilität für die Natur steigert sich
und gleichzeitig schreitet die Industrialisierung im 19. Jahrhundert
voran. Natur steht im Dienst der Forst- und Landwirtschaft, wird
seriell genormt und zum Wirtschaftsfaktor: Um 1860 lehrt die sächsische Forstakademie die Bodenreinertragslehre, um Waldbesitzern den
größtmöglichen Gewinn mit schnell wachsenden Monokulturen zu
bescheren.[8] Während Wirtschaft und Verkehr den Naturraum befrieden[9], ebnen sich die Wege für erste touristische Reisen. Die Pioniere
unter den Reiseführern verklären Mitte des Jahrhunderts Landschaften
zu arkadischen Idyllen. Auf Reisen wird das Unberührte zur ideologischen Mystifikation.[10] Den Wunsch nach einem Aufenthalt in der
Natur bebildern C. D. Friedrich, später die Pleinair-Maler, die Schule
von Barbizon und schließlich die Impressionisten. Es scheint darum zu
gehen, die verlorene Einheit der Natur noch einmal zu erfahren.

Außerhalb der ersten Touristenpfade reizen Expeditionen in die ferne
Wildnis. Forscher aller Disziplinen erobern im 19. Jahrhundert die
Ränder der Erde mit wissenschaftlichem Eifer. Alexander von Humboldt
reist 1799 in die südamerikanischen Tropen. Exotisches aus Flora, Fauna
und Tierwelt landet in Europas naturhistorischen Museen und zoologischen Gärten, die seit Mitte des Jahrhunderts gegründet werden.

*7 Jean-Jacques Rousseau,
„Abhandlung über den
Ursprung und die Grund-
lagen der Ungleichheit
unter den Menschen"; vgl.
Stütz, S. 49ff*

*8 Ulrich Grober, Der ewige
Wald, in: Die Zeit,
Nr. 31/2008, S. 78*

9 Vgl. Stütz, S. 70

*10 Vgl. Hans-Magnus
Enzensberger, Eine
Theorie des Tourismus, in:
Einzelheiten, S. 147–168,
Frankfurt 1962,
und vgl. Stütz, S. 81*

11 Vgl. Stütz, S. 81ff

12 Hans Jürgen Heinrichs, Das wilde Denken. Claude Lévi-Strauss und die Universalität des menschlichen Geistes, in: Du, Wildnis. Letzte freie Plätze, Heft 726, 5/2002, S. 87

13 Josef H. Reichholf, Eine kurze Naturgeschichte des letzten Jahrtausends, Fischer, Frankfurt/M. 2007, S. 261

14 Vgl. Rudi Holzberger, Das sogenannte Waldsterben. Zur Karriere eines Klischees, Verlag Eppe, 1995

15 Vgl. Elias Canetti, Masse und Macht, Claasen, Hamburg 1960: „Das Massensymbol der Deutschen war das Heer. Aber das Heer war mehr als das Heer: es war der marschierende Wald. In keinem modernem Lande der Welt ist das Waldgefühl so lebendig geblieben wie in Deutschland. Das Rigide und Parallele der aufrecht stehenden Bäume, ihre Dichte und ihre Zahl erfüllt das Herz des Deutschen mit tiefer und geheimnisvoller Freude. Er sucht den Wald, in dem seine Vorfahren gelebt haben, noch heute gern auf und fühlt sich eins mit Bäumen. "

16/17/18 Reichholf, S. 269ff

Hier ist die Natur vor dem weiteren Zugriff des Menschen geschützt. Auch in Nordamerika – wo Siedler die Wildnis kahl schlagen und mit europäischen Pflanzen kultivieren – schützen die ersten Reservate, was von der ursprünglichen Landschaft übrig bleibt.[11] Landschaft wird für alle Zeit zum amerikanischen Mythos. Die vertriebenen indigenen Bewohner sind später Gegenstand der Ethnologie.

„Fortan sind wir allesamt Indianer, im Begriff uns selbst zu dem zu machen, was wir mit ihnen gemacht haben." (Claude Lévi-Strauss)[12]

Am Übergang zum 20. Jahrhundert ist die Natur in Europa Rohstofflieferant und Industriestandort. Öffentliche Grünanlagen zur Erholung machen Arbeiter und Angestellte für die Arbeitswelt der Industriegesellschaften fit. Parallel dazu mutiert Natur zum illusorischen Sehnsuchtsort. Dazu gehört die Vorstellung einer prinzipiell „guten Natur". Sie bildet die Basis für große Bewegungen des 20. Jahrhunderts wie die Wandervögel (1896), den Naturschutzbund NABU (1899), Greenpeace (1971) oder die Grünen (1980). Zum „bösen" Gegenspieler wird die Kultur, die die gefährlichen Züge der früheren Wildnis annimmt. Das Terrain ist abgesteckt, die Emotionen explosiv.

„Der deutsche Wald geruhte nicht zu sterben. Vielmehr hatte er Ende der 1990er Jahre, je näher der vorausgesagte Tod heranrückte, massiv an Holzvorrat und sogar an Fläche zugelegt. Die Düngung aus der Luft, die jahrzehntelang mit 30 bis 50 Kilogramm Stickstoff pro Hektar Jahr für Jahr auf ihn niederging, ließ ihn schneller wachsen." (Josef H. Reichholf)[13]

Die verheerenden Prognosen im Fall des in den achtziger Jahren verkündeten Waldsterbens sind nicht eingetreten. Als Verursacher galt der Autoverkehr unter Umweltschützern und innerhalb der Presse von Bild bis Spiegel als ausgemacht.[14] Zwischen den katastrophalen Vorhersagen und der späteren Realität klaffte eine riesige Lücke. Das mag zum einen mit dem in Deutschland brisant besetzten Thema „Wald" zu tun haben, wie es auf kulturwissenschaftlicher Ebene Elias Canetti erörterte.[15] Zum anderen sind solche Fehldeutungen möglich, „weil die Natur nicht, wie von der großen Mehrzahl der Umweltschützer angenommen wird, ein geschlossenes wohlgeordnetes Haus ist, sondern offen und veränderlich".[16] Die Prämissen, die in der Zukunft spielenden Szenarien zugrunde gelegt werden, „ergeben sich nicht von selbst aus der Natur, sondern sind menschengemacht".[17] Der Rückblick auf die Erdzeitgeschichte macht deutlich: Was überlebt, ist nicht vorhersehbar. Für die Evolution gibt es keine Vorgabe oder Richtung, der sie folgt und nach der sie sich weiter entwickelt.

Schätzungsweise 90 bis 99 Prozent aller einmal vorhandenen Lebewesen auf unserem Planeten sind irgendwann ausgestorben. „Die Erde ist weit davon entfernt, ein ausgewogenes System darzustellen."[18] Eine solche Feststellung entspricht nicht dem herrschenden Konsens eines harmonischen Naturhaushalts. Seit der Moderne haben Natur und Kultur, die sich polar gegenüberstehen, die Plätze getauscht. Die Bedrohung kommt heute aus dem Kulturraum: mit Zugentgleisungen, Flugzeugabstürzen, Chemieunfällen, Reaktorunglücken, Bombenexplosionen oder Selbstmordkommandos.[19] Dagegen sind sich alle Kulturpessimisten einig, dass aus einer „friedlichen" Natur – gäbe es keine menschlichen Eingriffe – auch kein Ungemach drohen würde. Wenn heute Flutkatastrophen, Vogelgrippen oder Hitzewellen die menschliche Zivilisation in Angst und Schrecken versetzen, so gelten diese wie der prognostizierte Klimawandel als vom Menschen und seiner Kultur verantwortet.

Sabine Mila Kunz

19 Vgl. Stütz, S. 83

"Let us enjoy the freedom to drink milk and graze"
Western Projections on Nature, Culture, and the Wild

1 Paul-Armand Gette,
Von meinem geringen
Interesse an der Zukunft,
in: Reiner Matysik (ed.),
Zukünftige Lebensformen,
Vice Versa, Berlin 2000

2 See Reichholf, Was
stimmt? Evolution. Die
wichtigsten Antworten,
Herder, Freiburg 2007,
pp. 89ff

Observation unites artists and scientists. Both have the search for representations[1], insights, and potentials in common. That is why the observing moment is mentioned as the first word in the exhibition title *observing beast, time, evolution*. "Beast" indicates the wild, untamed animal and therefore also all other living creatures that have developed, that have become extinct, and that have been reborn over the course of the earth history. "Time" is the seemingly eternal time for us humans involved in the Earth's origins. In the context of the ages of the Earth, we human beings sojourn on it for a moment that is even more fleeting than the lifespan of a dayfly. And finally, the exhibition deals with "Evolution", both in the narrow sense of the word as the development of nature, but also in a broader sense as chances of art. Evolution is based on the existing, directs itself to the givens, and is, as far as the future is concerned, open-ended.[2]

But the phylogenetic evolution of nature is only the bracket that holds the exhibition together. The thematic background is shaped by the development of our concept of nature. According to this, nature is not a given, but rather autonomous from the notions of the people in their epochs. Our perception of nature has accordingly changed radically along with the development of Western civilization. Art was a part of it, as a corrective endeavoring distance. This framework will first be sketched before the strategies of the artists are presented on their individual pages.

"This is not the Spring extolled by poets with its balmy bouquet, its twittering birds, and delicate greens. There is nothing here but the pitiless battle of awakening, the panicked horrors of rising juices, the fearsome regrou-

ping of the cells. It is as if we were observing a drama under a microscope."
(Jacques Rivière, 1913 in a review of Stravinsky's ballet "The Rites of
Spring")[3]

The world premiere of the Stravinsky's *The Rites of Spring* shocked the
audience. The piece relies neither on late Romantic nor melodic effects, but
provokes rather with rhythmic elements and seemingly monotonous for-
mulas of sounds. Not the idyllic springtime awakening is danced, but rather
the "panicked horrors" in the midst of nature. Creation lost its integrity
shortly before the outbreak of the First World War and is dissected in detail
as if with a surgical knife. An interpretation such as "biological ballet"[4] is
possible after the world view of contemporaries regarding scientific insights
about nature were shattered. Not for nothing characterized Sigmund Freud
Darwin's 1859 theory of evolution, according to which man was not created
by god, but was solely the last link in a long evolutionary chain, as a "great
insult".[5] In the sense of Freud's psychoanalysis, strong emotions are henceforth transferred to nature. Emotionality becomes an aspect of modernism
that can be increased even further through modern media and lasts to the
present day with phenomena such as the Berlin polar bear Knut.
Stravinsky's piece was written in the early twentieth century, at the moment
when the contrasting relationship between culture and nature finally
toppled. Nature has left a positive impression since then, culture a negative
one. That was not always the case. Until well into the seventeenth century,
nature was associated with the wilderness beyond civilization which was
to be fought and which still covered about 95 percent of Europe's surface
during the Middle Ages. Nature meant danger and its taming reached a
first highpoint in the Age of Absolutism. The architects of baroque gardens
oriented themselves on discoveries in the field of mathematics, geometry,
and mechanics. With exact pruning and the orientation to the center, the
French baroque garden, as Norbert Elias demonstrated, is additionally an
illustration of the absolutist world order.[6]
Garden design radically changed one century later. Un the eighteenth century, the new English landscape parks seemed as if they were growing wild.
But their meandering paths and idyllic vantage points are just as artificial
as Claude Lorrain's ideal landscapes. A harmony with nature was sought
in looking at seemingly Arcadian natural spectacles. In the developing
philosophy of nature, Jean-Jacques Rousseau wished for man as a "l'homme
original" and a return to nature. While such utopian thoughts were formally
realized in botanical parks, over and above this they found little popularity
in terms of contents.

*3 Harald Hodeige, in:
Faltblatt der Orchester-
akademie, Schleswig-
Holstein Musik Festival,
Salzau 2008*

*4 See note 3. Quotation
from the French literary
critic Jacques Rivière
(1886–1925)*

*5 See Carsten Stütz,
3000 Jahre in der
Wildnis, in: Du, Wildnis.
Letzte frei Plätze, no. 726,
5/2002, p. 82*

*6 See Norbert Elias, The
Court Society (Collected
Works of Norbert Elias,
vol. 2), Dublin 2006*

7 Jean-Jacques Rousseau,
"A Discourse Upon The
Origin and The Foun-
dation of The Inequality
among Mankind," see
Stütz, pp. 49ff

8 Ulrich Grober, Der
ewige Wald, in: Die Zeit,
no. 31/2008, p. 78

9 See Stütz, p. 70

10 See Hans-Magnus
Enzensberger, Eine
Theorie des Tourismus, in:
Einzelheiten, pp. 147–68,
Frankfurt/M. 1962, and
see also Stütz, p. 81

11 See Stütz, pp. 81ff

12 Hans Jürgen Heinrichs,
Das wilde Denken.
Claude Lévi-Strauss
und die Universalität des
menschlichen Geistes, in:
Du, Wildnis. Letzte frei
Plätze, 726, 5/2002,
p. 87

"Come to me, relax in the native air; let us enjoy the freedom to drink milk and graze." (Voltaire to Rousseau)[7]

A mischievous Voltaire wrote this after Rousseau's *Discourses* were published in 1755. A curious dialect developed: on an emotional level, nature comes closer to man the more he distances himself from nature spiritually and materially.

The Enlightenment was followed by a historico-cultural ambivalent Romantic era, as the far-reaching stretches of land with steaming locomotives by the painter William Turner suggest. The sensibility for nature grew while industrialization simultaneously progressed in the nineteenth century. Nature served forestry and agriculture, was serially standardized and became an economic factor: around 1860, the Saxonian Forestry Academy taught the land rent theory to provide forest owners with largest possible profit by means of rapidly growing monocultures.[8] The path was laid for the first touristic travels through the enclosure of natural space by economics and traffic.[9] Pioneers among the mid-century travel guides transfigured landscapes into Arcadian idylls. The untouched became an ideological mystification of travel.[10] The wish for a sojourn in nature was illustrated by Caspar David Friedrich, later the plein-air painters, the Barbizon School, and finally the impressionists. It seemed rather to be concerned with experiencing the lost unity with nature once again. Beyond the first touristic paths, expeditions sought out distant wildernesses. Researchers of all disciplines conquered the edges of the earth with scientific fervor in the nineteenth century. Alexander von Humboldt traveled in 1799 to the South American tropics. Exotic flora and fauna landed in the European natural history museums and zoological gardens founded since the middle of the century. Nature was protected here from further interventions at the hand of man. In North America too, where settlers laid the wilderness bare and cultivated European plants, the first reservations protected that what remained of the original landscape.[11] Landscape became an American myth for all times. The dispelled Native American inhabitants later became an object of ethnography.

"We are all of us Indians henceforth, making of ourselves what we made of them." (Claude Lévi-Strauss)[12]

In Europe, nature became a provider of basic commodities and an industrial site at the turn of the twentieth century. Public recreational parks made laborers and blue-collar workers fit for the working world of industrial society. Parallely, nature mutated into an illusional place of longing. This includes the notion of a principally "good nature". It formed the basis for such important twentieth-century movements such as the "Wandervogel" (1896), the NABU conservation society (1899), Greenpeace (1971) and the German Green Party (1980). Culture became the "evil" opponent which assumed the dangerous traits of the early wilderness. The terrain is staked off, the emotions are explosive.

"The German forest did not condescend to die. On the contrary, its reserves of wood and even its surface have massively increased the closer it approached its predicted death in the late nineteen nineties. Fertilization from the air, which rained down on it to the tune of 30 to 50 kilogram nitrogen annually, made it grow quicker." (Josef H. Reichholf) [13]

The devastating predictions in conjunction with the dying forest syndrome announced in the nineteen eighties have not become reality. Environmentalists considered automobile traffic the cause and this was seen as a fact by media ranging from the tabloids to the weekly news magazines. [14] An enormous gap developed between the catastrophic predictions and the later reality. That might be a consequence of the emotionally charged subject of the "Forest" in Germany, as the cultural historian Elias Canetti ascertained. [15] Such misinterpretations are possible on the one hand "because nature is not, as a majority of environmentalists assume, a closed, well-ordered house, but open and fluctuating instead" [16]. The premises on which the scenarios regarding the future were based "are not oriented on nature, but are man-made. [17] A retrospective view of the Earth's history makes it very clear: it is not foreseeable what survives. There is no precept or direction which evolution follows and according to which it develops further. Approximately 90 to 99 percent of all once existing creatures on our planet became extinct at some point or other. "The earth is far from representing a balanced system."[18] Such an assertion does not correspond with the predominate consensus regarding a harmonious ecological balance of nature. Since modernism, the diametrically opposing poles of nature and culture have switched places. The threat now comes from cultural regions: with rail train derailments, airplane crashes, chemical spills, reactor disasters, bombings, or suicide commandos. [19] All cultural pessimists are, on the contrary, convinced that a "peaceful" nature would offer no threats were it not for human interventions. When floods, bird flues or heat waves put fear into the heart of human civilization, they too, like the prognosticated climate change, are seen as a consequence of man and his culture.

Sabine Mila Kunz

13 Josef H. Reichholf, Eine kurze Naturgeschichte des letzten Jahrtausends, Fischer, Frankfurt/M. 2007, p. 261

14 See Rudi Holzberger, Das sogenannte Waldsterben. Zur Karriere eines Klischees, Verlag Eppe, 1995

15 See Elias Canetti, Crowds and Power, New York 1960: "The crowd symbol of the Germans was the army. But the army was more than just the army; it was the marching forest. In no other modern country has the forest-feeling remained as alive as it has in Germany. The parallel rigidity of the upright trees and their density and number fill the heart of the German with a deep and mysterious delight. To this day he loves to go deep into the forest where his forefathers lived; he feels at one with the trees."

16/17/18 Reichholf pp. 269ff

19 See Stütz, p. 83

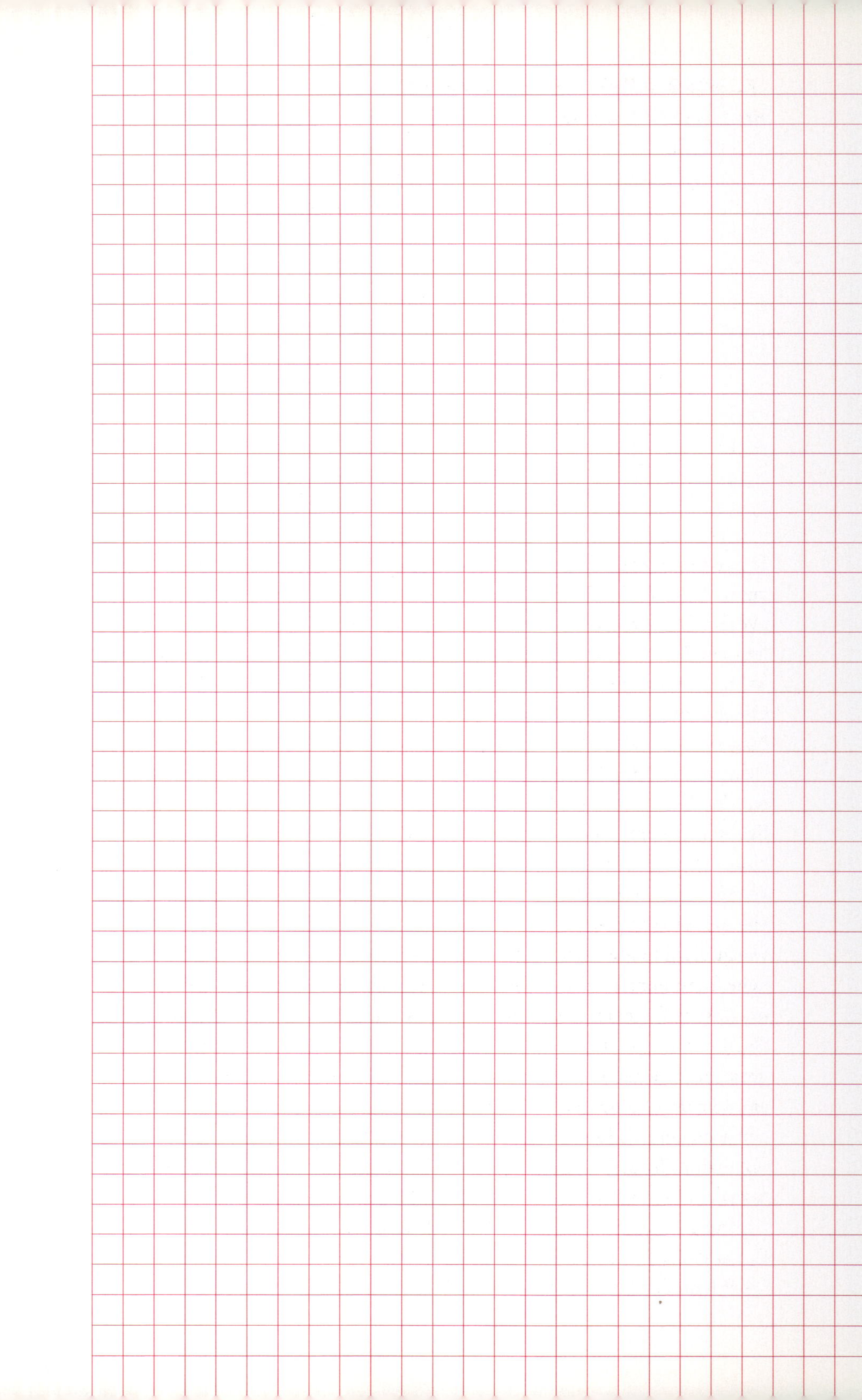

Die naturkundlichen Sammlungen des
Roemer- und Pelizaeus-Museums

Das Roemer-Museum kann auf eine über 160-jährige Geschichte
zurückblicken. Fünf Hildesheimer Bürger haben im Jahr 1844 den
„Verein für Kunde der Natur und der Kunst im Fürstenthume Hildesheim und in der Stadt Goslar" gegründet. Mit Eifer zusammengetragen,
häufte sich in den ersten zwei Jahrzehnten eine Vielzahl sammelbarer
Objekte hinter den Mauern des neuen Museums, das nach 1855 in die
Martinikirche einziehen konnte. Gesammelt wurde alles, was für ein
Museum und die Belehrung der Bevölkerung als brauchbar angesehen
wurde. Weil Hermann Roemer, einer der Gründer, Jurist und seit 1852
Senator in Hildesheim, und zwei seiner Brüder ausgesprochen natur-
kundlich interessiert waren, überrascht es nicht, dass viele der frühen
Objekte aus diesem Bereich stammen. So war schnell der Grundstock
zu einer großen paläontologischen und mineralogischen Sammlung
gelegt. Bald folgten weitere Sammlungsbereiche wie eine gesteinskundliche Sammlung und in der Folgezeit auch zahlreiche zoologische und
botanische Objekte. Hermann Roemer war in erster Linie ein Sammler,
als Direktor des Museums mangelte es ihm an Zeit, um den zusammen-
getragenen Schätzen Struktur zu verleihen, sie zu ordnen. Dies gelang
erst seinem Nachfolger, dem Geologen Professor Dr. Achilles Andreae,
der nach dem Tod Hermann Roemers 1894 die Leitung des Museums
übernahm. Andreae war umfassend gebildet, seine vielfältigen Interessen und sein sicheres Gespür für das Wesentliche erlaubten ihm, die
Sammlungsgegenstände sorgfältig zu beschriften, sie zu ordnen und
für damalige Verhältnisse richtungsweisend auszubauen. Noch heute
spürt man den unermüdlichen Fleiß dieses Menschen, wenn man die

zahllosen handgeschriebenen Papptafeln, auf denen die Stücke aufgeklebt waren – eine damals gängige Praxis –, betrachtet. Ihm blieben nur etwa zehn Jahre, um für das Museum zu wirken. Achilles Andreae starb im Januar 1905. Seine überaus umfangreiche Privatsammlung überließ er dem Museum.

Mit Professor Dr. Rudolf Hauthal trat 1907 ein weiterer Geologe die Leitung des Museums an. Hauthal hatte sich mehrere Jahre zu geologischen Erkundungen in Südamerika aufgehalten. In Hildesheim entwickelte er andere Interessen. So richtete er unter anderem eine vaterländische Abteilung ein. Außer etlichen südamerikanischen Gesteinsproben und Fossilien lassen sich in der Sammlung kaum Spuren seiner Tätigkeit ausmachen. Nach seiner Pensionierung im Jahr 1925 wurde Dr. Friedrich Schöndorf als Direktor des Roemer-Museums von der Stadt Hildesheim eingestellt. Er war ein Praktiker mit Verbindungen zur Industrie und zum Bergbau, beides war für den recht schmalen Etat des Museums von Bedeutung.

Unter Schöndorf konnten wichtige und größere Neuerwerbungen wie ein hervorragend erhaltener Fischsaurier aus der Gegend von Holzmaden in Baden-Württemberg mit Hautschatten-Erhaltung und ein großer angeschliffener Eisen-Nickel-Meteorit aus Namibia getätigt werden. Auch beschäftigte er sich mit museumsdidaktischen Fragen: Die Dioramen der zoologischen Abteilung gehen auf seine Initiative zurück. Friedrich Schöndorf starb 1941. Gegen Ende des Zweiten Weltkriegs wurden kleinere und leicht transportierbare Objekte in das Kalibergwerk Giesen bei Hildesheim ausgelagert. Größere Objekte, die im Museum verblieben, wurden zumeist Opfer des verheerenden Luftangriffs auf Hildesheim am 22. März 1945. Stellvertretend hierfür sollen der Abguss des Dinosauriers Iguanodon aus Bernissart in Belgien und das Skelett eines 23 Meter langen Blauwals genannt sein. Letzteres hing von der Decke der Martinikirche herab und führte durch sein Gewicht zum Einsturz des Daches, als dieses brannte. Die Schäden und Verluste durch Kriegseinwirkung und unsachgemäße Lagerung und Unterbringung nach 1945 waren für die naturkundlichen Objekte katastrophal. Nach dem Krieg wurden die naturkundlichen Bestände überwiegend zur Gestaltung kleinerer regionaler Ausstellungen genutzt. Durch die Besetzung der Direktorenstelle des Roemer-Museums mit dem Ethnologen Dr. Walter Konrad bekam dieses andere Prioritäten. Für bedeutende Neuerwerbungen fehlte in der Zeit nach dem Zweiten Weltkrieg das Geld. Dennoch konnten zwischen 1992 und 2000 im Rahmen der Sonderausstellungen einige gute Objekte angekauft werden, so z. B. ein Dinosaurier-Ei aus der Oberkreide der Mongolei und ein sehr gut erhaltener Mesosaurier aus Brasilien. Im Jahr 2005 überließ der in Hildesheim zur Schule gegangene Evolutionsbiologe Prof. Dr. Wolfgang Schad dem Museum bedeutende Fossilien aus Hildesheim und seiner Umgebung. Der Mediziner Dr. Dziuba stiftete die schöne und wertvolle Mineralien-Sammlung seines Vaters im selben Jahr.

Erst unter Konrads Nachfolger, dem Kunsthistoriker Prof. Manfred Boetzkes, wurden die noch immer bedeutenden Sammlungen gerade auch für sehr erfolgreiche Sonderausstellungen genutzt. So 1993 in „Dinos in Hildesheim – Das Zeitalter der Saurier", 1995 in „Die Welt der Wale", eine Ausstellung in Zusammenarbeit mit Greenpeace, 1996 in „Insekten! Die heimlichen Herrscher" und 1999 in „EisZeit – Das große Abenteuer der Naturbeherrschung". In letzterer konnte das Sammlungsmaterial dazu beitragen, den aktuell diskutierten Klimawandel anhand von Sammlungsobjekten zu illustrieren.

Vor wenigen Jahren konnten eine Dauerausstellung zum Thema Erdgeschichte unter dem Titel „Im Wandel der Zeit – Die Erde und ihre Geschichte" im Roemer- und Pelizaeus-Museum und im Stadtmuseum eine Ausstellung zur regionalen Geologie der Stadt Hildesheim und Umgebung eingerichtet werden. In nächster Zeit werden größere Teile der Sammlungen per EDV inventarisiert. Begleitend werden Objekte aus allen naturkundlichen Sammlungsbereichen gereinigt, nachpräpariert und ihre wissenschaftliche Bestimmung überprüft, um die Stücke gepflegt und zeitgemäß aufzubewahren.

Oft wird die Frage nach der Anzahl der Objekte in den Sammlungen gestellt. Solche Fragen sind schwer zu beantworten, weil Inventarbücher im Zweiten Weltkrieg verloren gingen. So ist man heute auf Schätzungen angewiesen. Wie schon in historischer Zeit ist die paläontologische Sammlung mit ungefähr 200.000 Objekten die größte und bedeutendste. Dies vor allem auch deshalb, weil sich hier zahlreiche Belegexemplare, sogenannte „Originale", zur paläontologischen Fachliteratur befinden. Als Beispiel seien hier die Fossilien zu den Monografien über den nordwestdeutschen Jura und die nordwestdeutsche Kreide genannt, die Friedrich Adolph Roemer, ein Bruder des Museumsmitbegründers in den Jahren 1836, 1839 und 1841 publiziert hatte. Hierin finden sich einige Hundert fossile Arten wissenschaftlich beschrieben und abgebildet. Nebenbei sei noch bemerkt: Das älteste Gestein in den Sammlungen ist ein größeres Stück des Amitsoq-Gneises aus Grönland, ein Geschenk des Geologischen Museums Kopenhagen, der mit 3,75 Milliarden Jahren zu den ältesten Gesteinen der 4,6 Milliarden Jahre alten Erde zählt. Dieses Alter lässt sich mit Labormethoden recht genau bestimmen. Kurioserweise ist der Beginn des Quartärs, des Eiszeitalters, in dem wir heute noch leben, umstritten, es werden 2,4 oder 1,8 Millionen Jahre genannt, je nach Arbeitsweise der jeweiligen Wissenschaftler.

Die zoologische Sammlung kann auf etwa 100.000 Objekte taxiert werden, dies nicht zuletzt aufgrund der umfangreichen Insekten- und Vogeleier-Sammlungen. Mit 15.000 Stücken nimmt sich die mineralogische und gesteinskundliche Sammlung etwas bescheidener aus. Ähnlich umfangreich ist der botanische Sammlungszweig, hier waren nach dem Zweiten Weltkrieg auch große Schäden zu verzeichnen.
Für eine Stadt von der Größe Hildesheims sind die naturkundlichen Sammlungen hinsichtlich ihres wissenschaftlichen und auch materiellen Werts auch nach den herben kriegsbedingten Verlusten immer noch beachtlich und förderungswürdig.

Dr. Jürgen Vespermann

The Natural History Collections of the Roemer- und Pelizaeus-Museum

The Roemer-Museum can look back at a history of over 160 years, going back to the founding of the *Association for the Study of Nature and Art in the Principality of Hildesheim and the City of Goslar* by five Hildesheim townsmen in 1844. Assembled with diligence, numerous collectable items were accumulated during the first two decades of its existence within the walls of the new museum that was able to move to the former Church of St. Martin after 1855. Everything was collected that was considered appropriate for a museum and for the edification of the populace. Because one of the founders, the jurist and Hildesheim senator since 1852, Hermann Roemer, as well as two of his brothers were very interested in natural history, it is not surprising that many of the early objects come from this area. The groundwork for a large paleontological and mineralogical collection was thus quickly laid. Other collections soon followed, for example a petrology collection and subsequently also numerous zoological and botanical objects. Hermann Roemer was primarily a collector, but as the director of the museum he lacked the time to structure and systemize the treasures he gathered together. This was first accomplished by his successor, the geologist Professor Dr. Achilles Andreae, who became head of the museum after Hermann Roemer's death in 1894. Andreae had a broad education, and his many interests and his sure feeling for the essentials enabled him to meticulously label the objects in the collections, to systemize them, and to expand the holdings in a way that was pioneering under the conditions of those times. You can still feel this man's tireless energy when examining the countless handwritten cardboard labels on which the items, in accordance with the practice of the time, were pasted. He was only granted about ten years to be active on the museum's behalf. Achilles Andreae died in January 1905. He bequeathed his own wide-ranging private collection to the museum.

In 1907, a further geologist assumed the directorship of the museum in the guise of Professor Dr. Rudolf Hauthal. Hauthal spent many years on geological expeditions in South America. He developed other interests in Hildesheim, establishing a department for items of national patriotic interest, among others. Aside from a number of South American stone samples and fossils, hardly any traces of his activities can be detected in the collection. After he retired in 1925, Dr. Friedrich Schöndorf was appointed director of the Roemer-Museum by the city of Hildesheim. He was a practician with contacts to industry and mining, and both were of significance considering the museum's modest budget.

During Schöndorf's directorship it was possible to make a number of important large acquisitions such as the marvelously preserved ichthyosaur from Holzmaden with conserved skin shadows as well as a large partially ground iron-nickel meteorite from Namibia. He also dealt with educational questions: the dioramas in the zoological department go back to his initiative.

Friedrich Schöndorf died in 1941. Towards the end of the Second World War, the smaller and more mobile objects were evacuated to the potassium mine at Giesen near Hildesheim. The larger objects, which remained in the museum, were largely destroyed during the devastating aerial attack on Hildesheim from March 22, 1945. Among the items lost were the cast of the Iguanodon dinosaur from Bernissart in Belgium and the skeleton of a 23-meter long blue whale. The latter hung from the ceiling of the Church of St. Martin and led to the collapse of the burning roof due to its weight. The consequences of the damages and losses due to the effects of the war as and the unsuitable storage and conservation after 1945 were catastrophic for the natural history objects.

After the war, the museum's natural history holdings were primarily used in a number of smaller regional exhibitions. The Roemer-Museum was given new priorities with the appointment of the ethnologist Dr. Walter Konrad.

There were no funds for significant new acquisitions during the time after the Second World War. It was nevertheless possible to acquire a number of good objects between 1992 and 2000 in conjunction with the special exhibitions, for example a dinosaur egg found in the upper Cretaceous of Mongolia and a well-preserved Mesosaur from Brazil. In 2005, the evolutionary biologist Prof. Dr. Wolfgang Schad, who attended school in Hildesheim, left the museum important fossils from Hildesheim and its surroundings. In the same year the physician Dr. Dziuba donated his father's beautiful and valuable mineral collection to the museum.

It was first under Konrad's successor, the art historian Prof. Manfred Boetzkes, that the increasingly important collections were used in very successful special exhibitions, including, for example, *Dinos in Hildesheim – The Age of the Saurian* (1993), *The World of the Whales* (1995), an exhibition produced in collaboration with Greenpeace, *Insects! The Secret Rulers* (1996), and *Ice Age – The Great*

Adventure of Nature's Rule (1999). In the latter show, the objects in the collection were able to contribute to illustrating the currently discussed problem of climate change.

Several years ago it was possible to set up a permanent exhibition dealing with the history of earth entitled *Evolution of Time – The Earth and its History* in the Roemer- und Pelizaeus-Museum as well as an exhibition on the regional geology of the city of Hildesheim and its environs in the Stadtmuseum. Large sections of the collection will be inventoried by computer in the near future. As an accompanying measure, the objects from all natural history areas will be cleaned, prepared again, and examined to check their scientific identification in order to suitably care for them and store them.

The question is often asked about the number of objects in the collection. Such questions are difficult to answer because the inventory books were lost in the Second World War. We are therefore now dependent of estimates. As in historical times, the paleontological collection with its approximately 200,000 objects is the largest and most important. This is primarily because of the numerous specimen copies, so-called "originals", which accompanying specialized paleontological literature. As an example we can quote the fossils accompanying the monographs on the Northwest German Jura and the Northwest German Cretaceous published in 1836, 1839, and 1841 by Friedrich Adolph Roemer, a brother of the museum's founder. Several hundred different fossil types are scientifically described and illustrated here. As an aside, it can be noted that the oldest rock in the collections is a large piece of the Amitsoq gneisses from Greenland, a gift of the Copenhagen Geological Museum, which, at an age of 3.75 billion years, is among the oldest rocks on the 4.6 billion year old Earth. The age can be fairly exactly determined by means of laboratory methods. Curiously enough, the start of the quaternary, the Ice Age, in which we still live, is contested; 2.4 or 1.8 billion years is named depending on the methodology of the respective scientist.

The zoological collection can be estimated at about 100,000 objects, not least because of the comprehensive collections of insect and bird eggs. With 15,000 items, the mineral and petrology collection is somewhat more modest. The botanical branch of the collection is similarly sized due to the many losses it had to register after the war.

But for a city the size of Hildesheim, the natural history collections are despite the bitter war-related losses nevertheless still very impressive and worthy of support with respect to its scientific and also material value.

Dr. Jürgen Vespermann

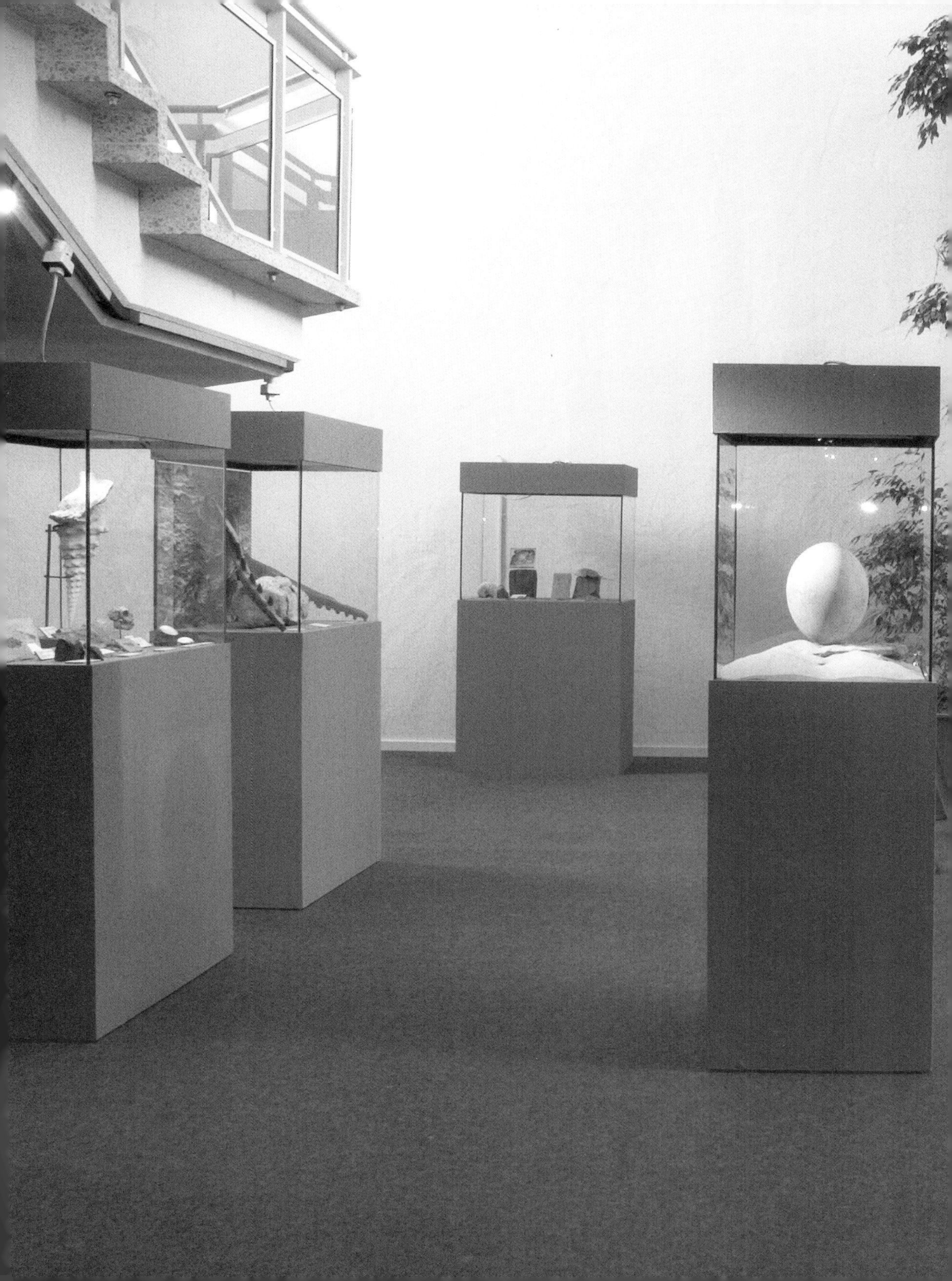

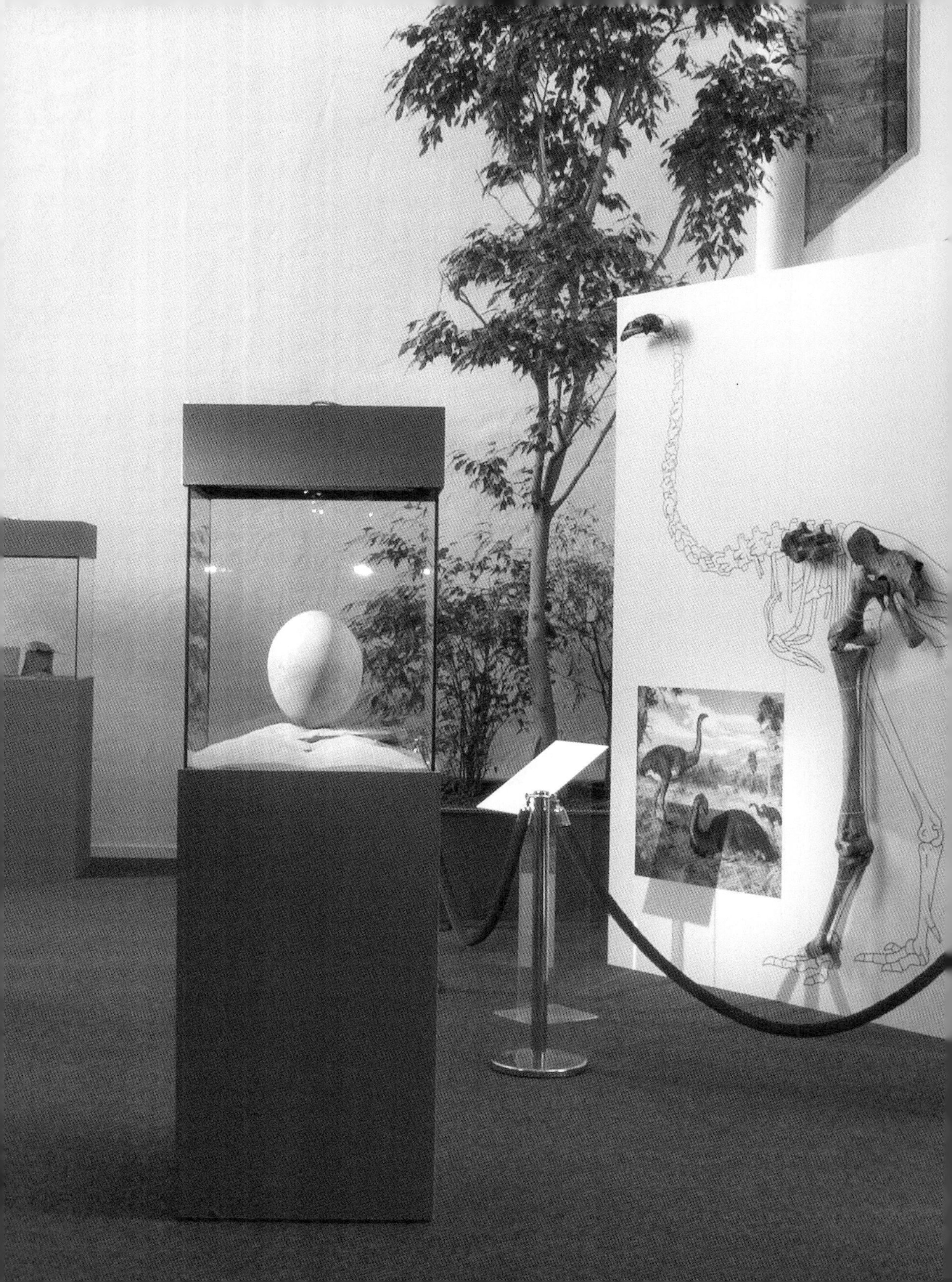

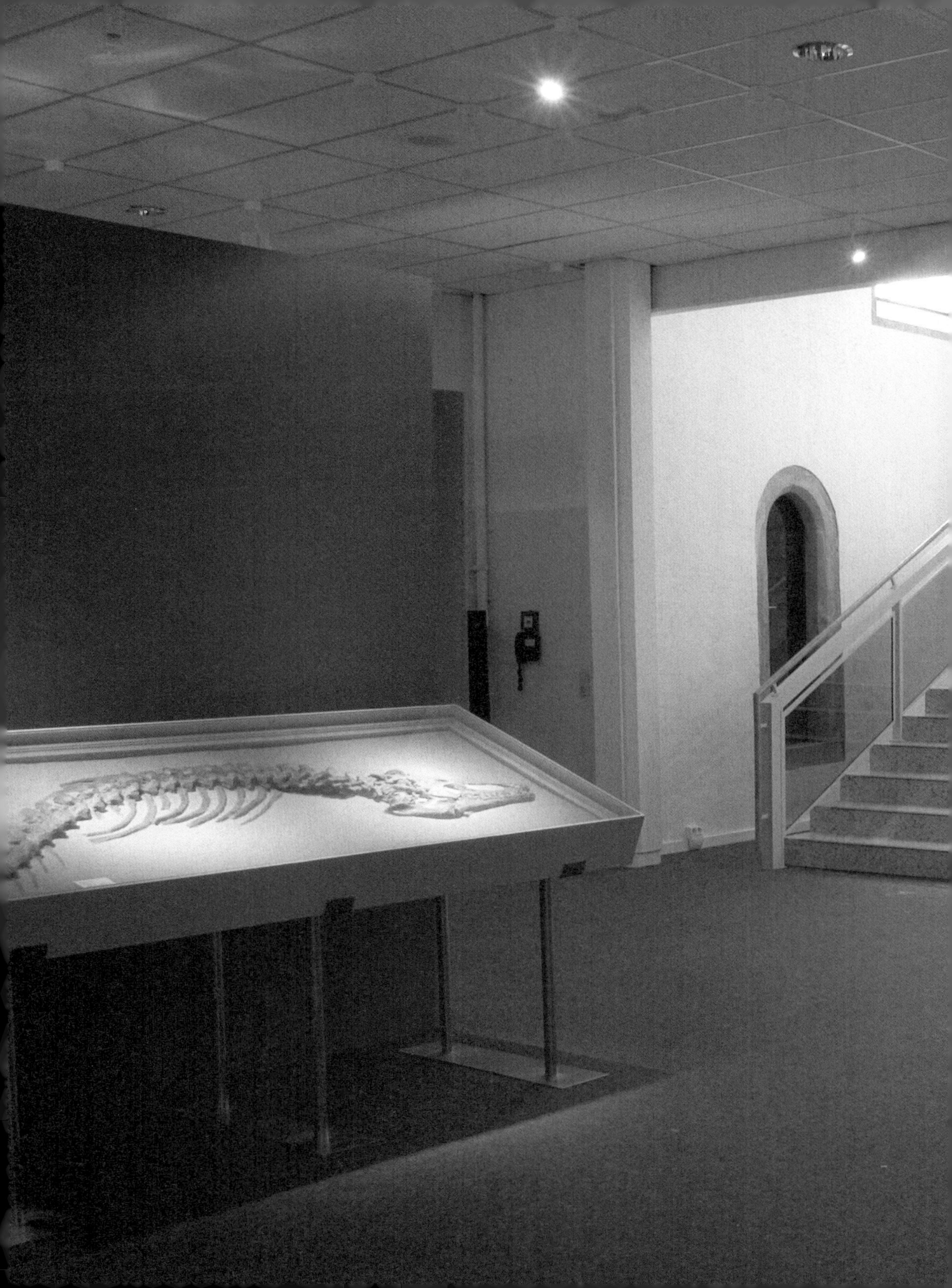

Mark Dion

Für Mark Dion, der auch Biologe ist, gehörten unser Natur-
verständnis und das im westlichen Denken verankerte Klassi-
fizierungssystem zusammen. Seine Tiere und Pflanzen aus der
Serie „The Tar Museum" ließ er nach Präparaten aus naturhistorischen Museen herstellen. Anschließend wurden sie mit
Teer überzogen. Im Kunstraum präsentiert er sie auf ihren
einfachen Transportkisten wie auf hehren Sockeln. Sie re-
präsentieren das für museale Zwecke in Szene gesetzte Natur-
stück, das anschließend noch einmal verwandelt und zur Kunst
erhoben wird. Die Wahrnehmung von Natur entspringt keiner
direkten Erfahrung, sondern wird über Kultur und Wissenschaft, wie sie sich im Museum verbinden, vermittelt.

For Mark Dion, who is also a biologist, our understanding
of nature and the classification system anchored in Western thought belong together. He had the animals and plants
in his "Tar Museum" series made after anatomical specimens
from natural history museums and covered them with tar afterwards. He presents them in the art space on their simple
transport crates as if they were stately pedestal. They rep-
resent pieces of nature staged for exhibition purposes in a
museum which are transformed yet again afterwards and exal-
ted to the level of artworks. The perception of nature does
not emanate from immediate experience, but conveyed rather
by culture and science as is united in the museum.

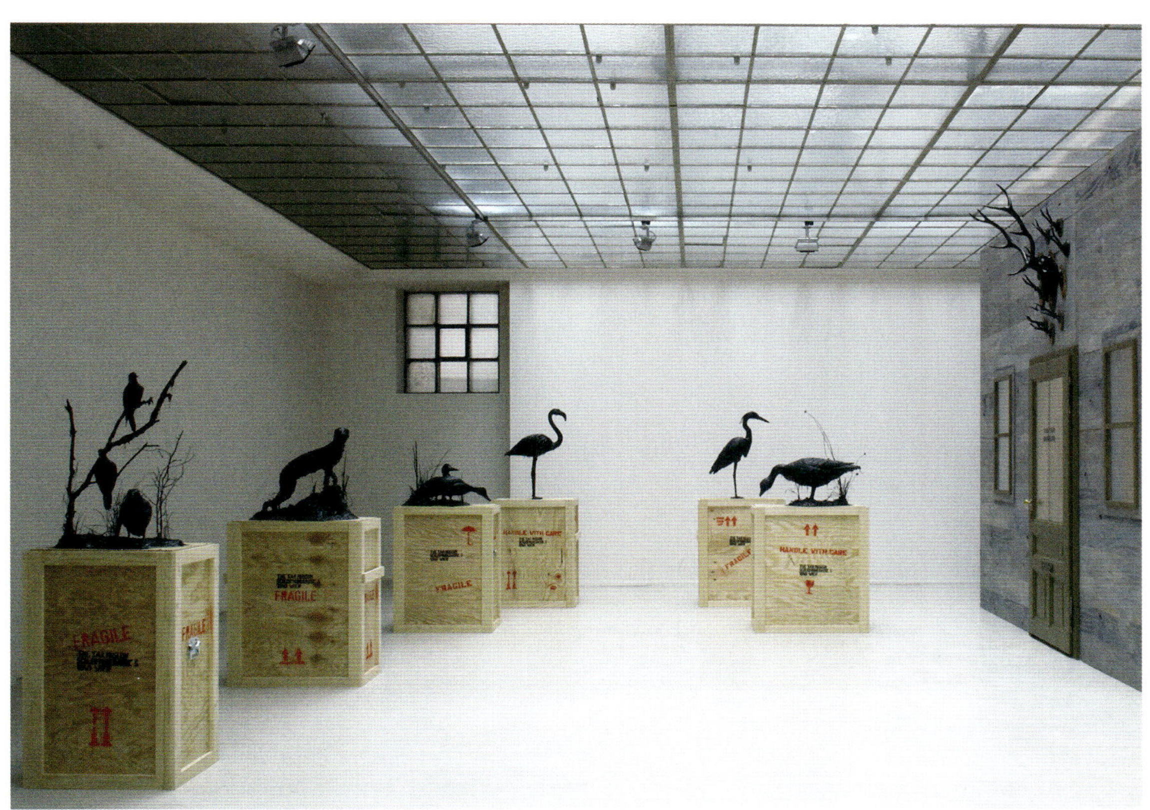

Ausstellungsansicht
installation view
Galerie Georg Kargl, Wien/Vienna

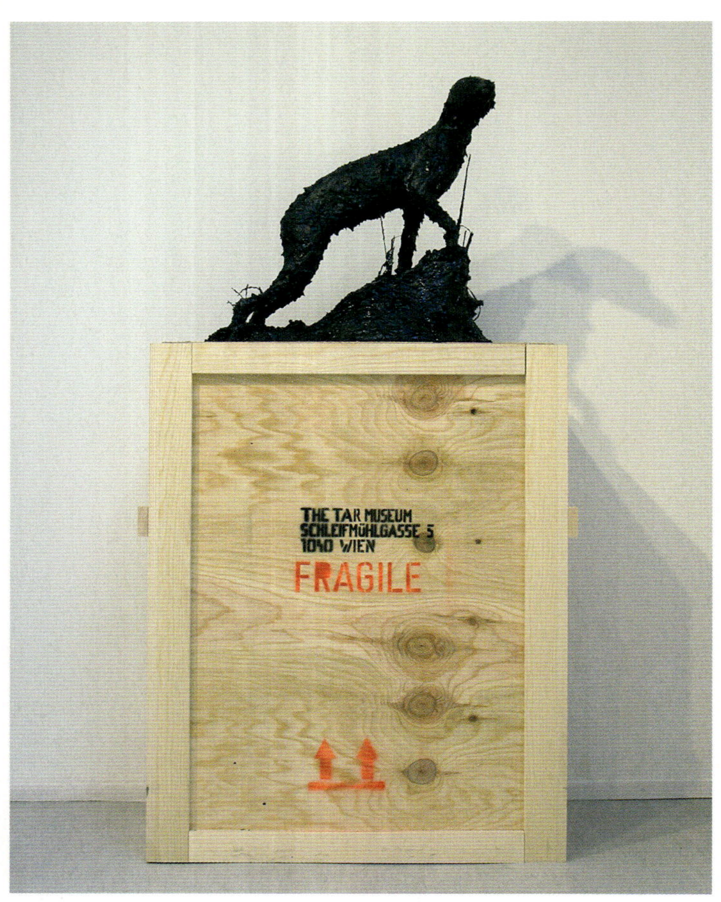

The Tar Museum – Memo, 2006
Holztransportkiste, Teer, Tierpräparations-
modell, Pappmaschee, Pflanzen
wooden shipping crate, tar, taxi-dermy
form, paper maché, plants
83 x 46 x 161 cm
Courtesy Georg Kargl Fine Arts,
Wien/Vienna

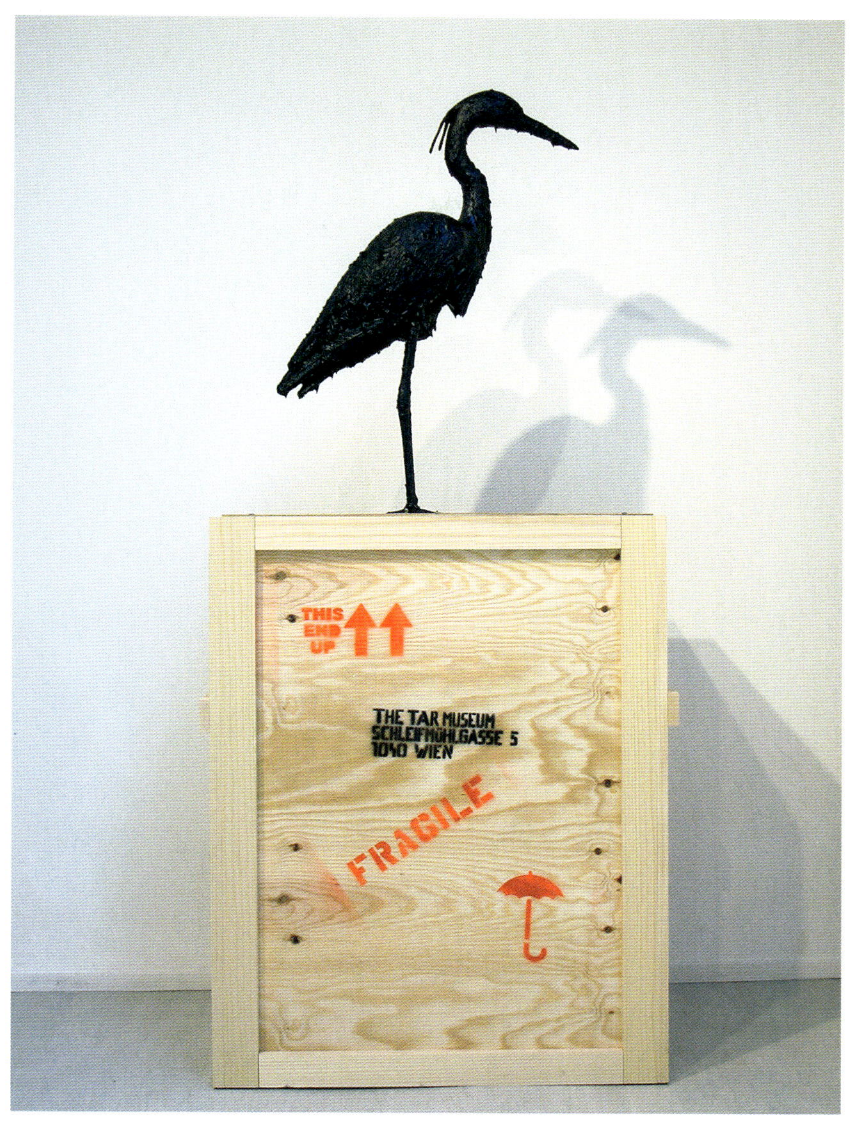

The Tar Museum – Heron, 2006
Holztransportkiste, Teer, Lockvogel für
Fischreiher aus Kunststoff
wooden shipping crate, tar,
plastic heron decoy
83 x 46 x 185 cm
Courtesy Georg Kargl Fine Arts,
Wien/Vienna

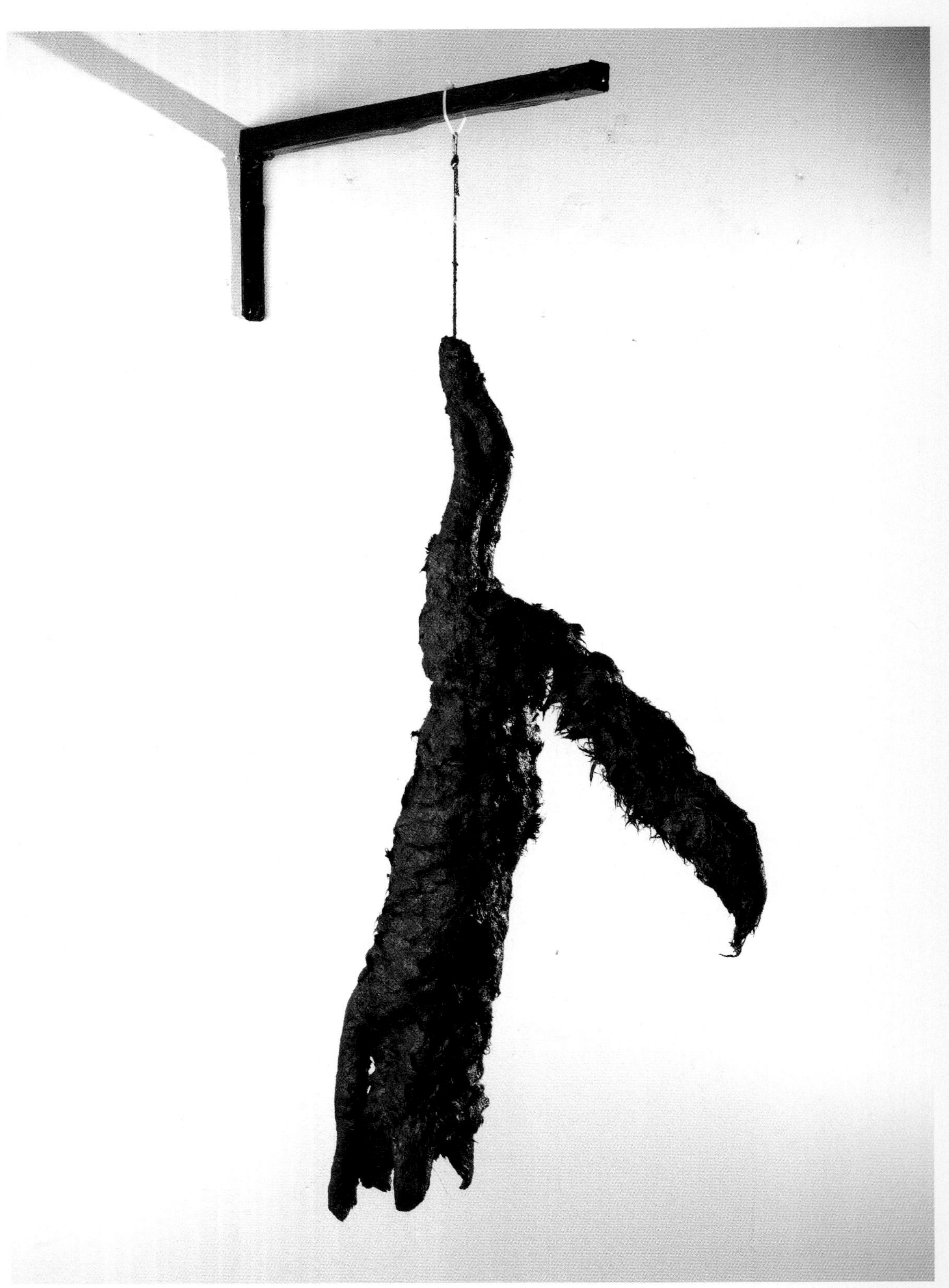

Fuchs, 2006, Tierpräperationsmodell, Teer/taxidermy form, tar, Courtesy Georg Kargl Fine Arts, Wien/Vienna

Mark Dion

1961 geboren / born in New Bedford, MA; lebt und arbeitet /
lives and works in Beach Lake, Pennsylvania

Ausbildung / Education
2003 University of Hartford School of Art, Doctor of Arts, PhD
1984–1985 Whitney Museum of American Art, New York,
Independent Study Program, New York
1982–1984 School of Visual Arts, New York
1981–1982, University of Hartford School of Art,
Connecticut, BFA

Einzelausstellungen (Auswahl) / Solo shows (selection)
2008 Concerning Hunting, Arhus Kunstbygning, Aarhus / Kunstraum Dornbirn
2007 systema metropolis, The Natural History Museum, London
The Natural History of the Museum, Carré d'Art Musée d'Art
contemporain de Nîmes
The Tar Museum, Georg Kargl Fine Arts, Wien / Vienna
2005 The Brazilian Expedition of Thomas Ender-Reconsidered,
Akademie der bildenden Künste, Wien / Vienna
Bureau of the Centre for the Study of Surrealism and its Le-
gacy, The Manchester Museum
Memento Mori (My Glass is Run), Aldrich Contemporary Art Museum, Ridgefield
2004 Projects 82, Mark Dion – Rescue Archaeology, The Museum
of Modern Art, New York
Universal Collection, Historisches Museum, Frankfurt/Main
American Politics, Galerie Christian Nagel, Berlin
2002 Encyclomania, Villa Merkel, Esslingen, Kunstverein Hannover, Bonner Kunstverein
2001 Georg Kargl Fine Arts, Wien / Vienna

Gruppenausstellungen (Auswahl) / Group shows (selection)
2008 Genesis – Die Kunst der Schöpfung, Zentrum Paul Klee, Bern
2007 Say it isn't so. Naturwissenschaften im Visier der
Kunst, Neues Museum Weserburg Bremen
2006 Ergens / Somewhere, MuHKA Museum voor Hedendaagse Kunst,
Antwerp
2004 Biennal of São Paulo
2003 Mapping a city – Hamburg Kartierung, Kunstverein Hamburg

Ursula Hansbauer &
Wolfgang Konrad

Seit mehreren Jahren beschäftigen sich die Künstler mit Fragen zu Genbanken und genetischem Kolonialismus. So ist der Ausgangspunkt der Arbeit „Niemandsland" die Expedition der deutschen Forschungsgesellschaft im Jahr 1935 an den Hindukusch. Von den 4.325 Pflanzenproben, die damals dort gesammelt wurden, sind heute noch 140 im Bestand des Instituts für Pflanzengenetik und Kulturpflanzenforschung (IPK) in Gatersleben. Diese Samen haben sich Hansbauer und Konrad zuschicken lassen und als Pflanzen „in vitro" angesetzt. Anhand der Hindukusch-Expedition verfolgen die Künstler die koloniale Geschichte des Sammelns von pflanzengenetischen Ressourcen bis zur aktuellen Verwendung von Pflanzen als patentfähiger Materie.

The artists have occupied themselves with questions regarding DNA banks and genetic colonialism for a number of years. The starting point of their piece "No Man's Land" is the German Research Foundation's expedition to the Hindu Kush in 1935. Of the 4,325 plant specimens collected at that time, 140 are still in the possession of the Institute of Plant Genetics and Crop Plant Research (IPK) in Gatersleben. Hansbauer and Konrad had these seeds sent to them and propagated the plants in vitro. Based on the Hindu Kush expedition, the artists track the colonial history of the collection of genetic plant resources up to and including the current use of plants as patentable material.

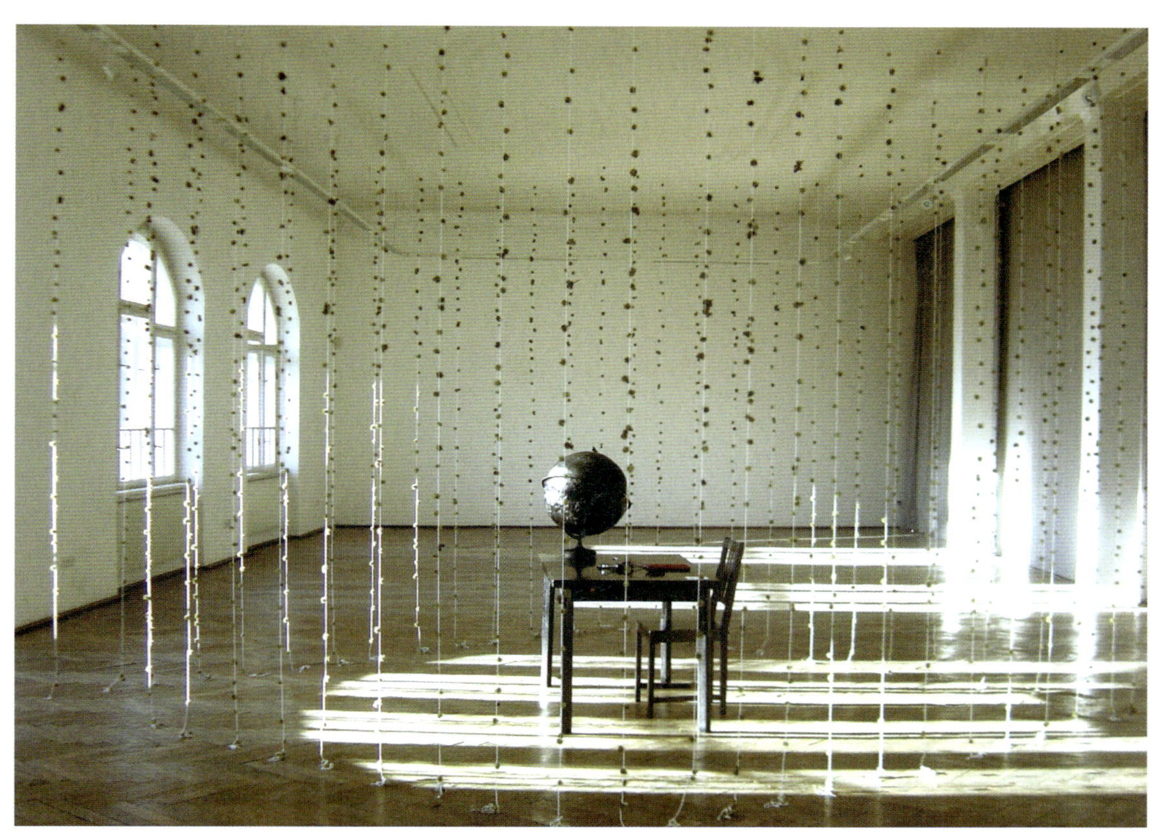

Infinite Colonies, 2008
Installationsansicht/Installation view
Künstlerhaus Büchsenhausen
Kletten, schwarzer Globus mit Kreide
burrs, black globe, chalk
Audiobuch/audio book,
variable Größe/size variable

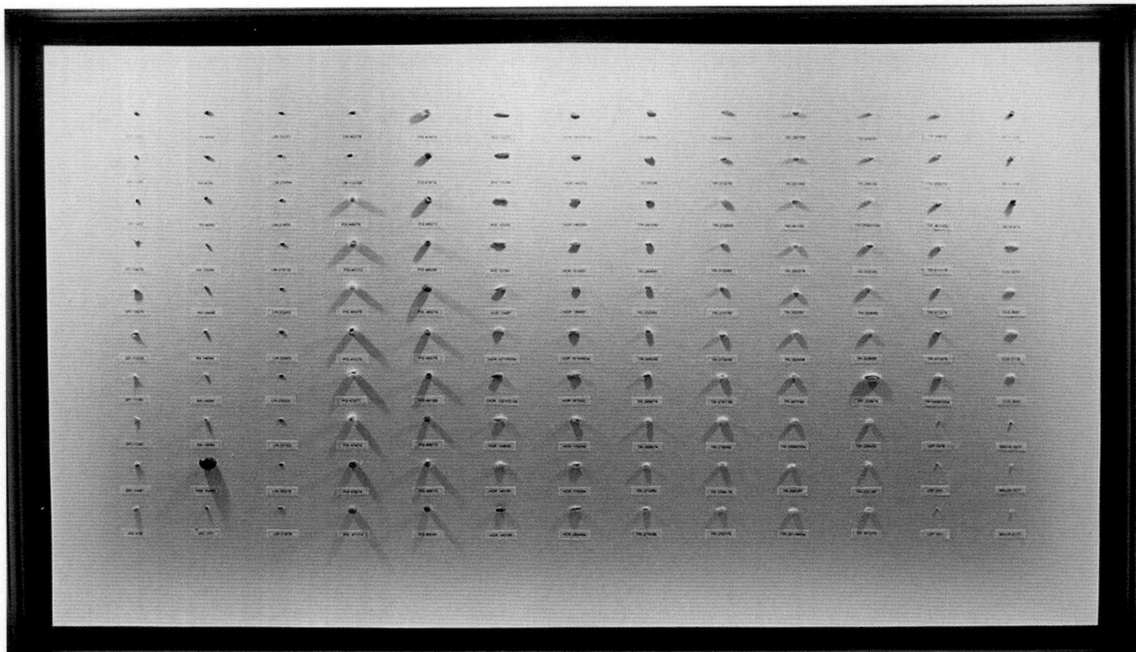

Niemandsland, 2005
reproduzierte Samen der Hindukusch-
Expedition, Glas, Holzrahmen, Dioden
reproduced seeds of the Hindu Kush
expedition, glass, wooden frame, diode
80 x 40 x 5 cm

Niemandsland, 2005
in-vitro Pflanzen, Holz, Glas, Dioden
in vitro plants, wood, glass, diode,
300 x 190 x 70 cm

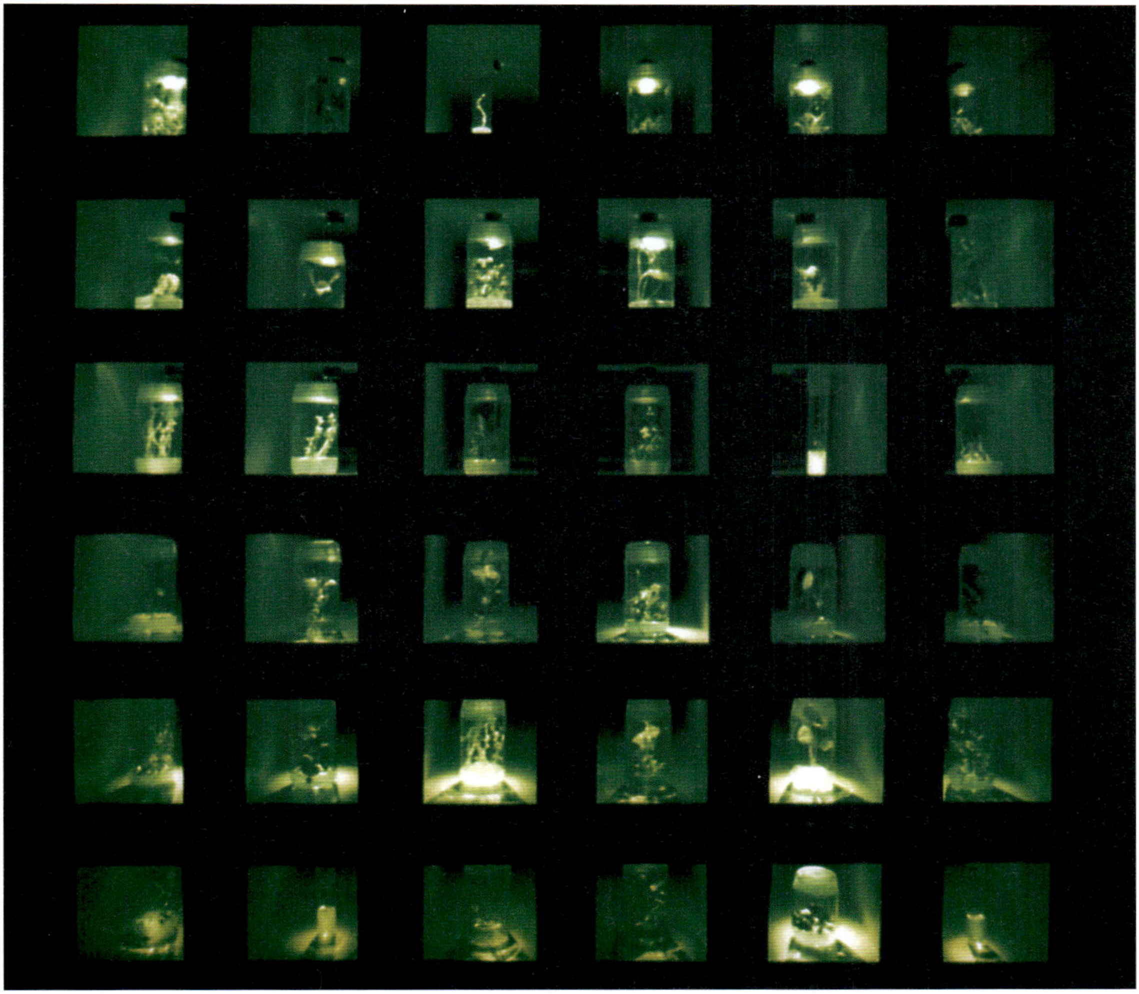

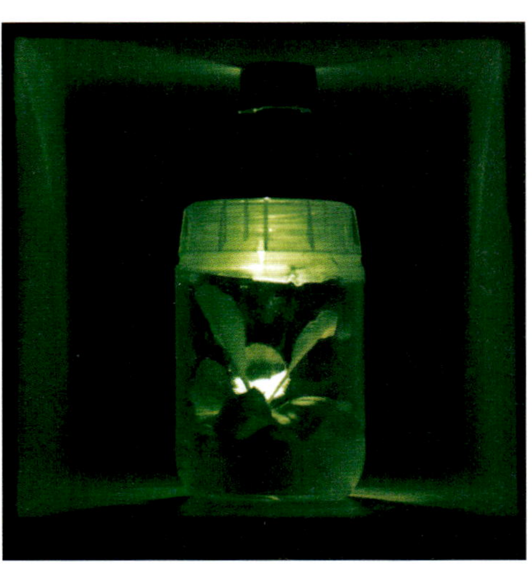

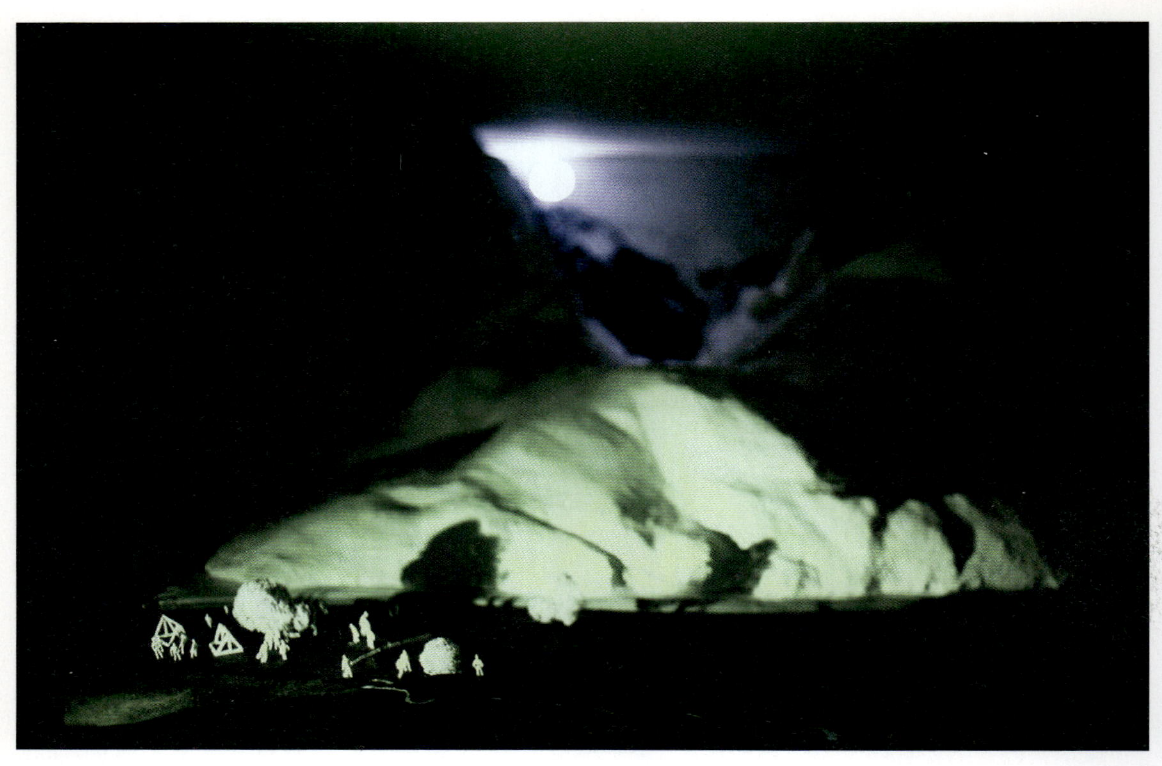

Niemandsland (Diorama), 2005
Styropor, Gips, Glas, Dioden, Holz
styrofoam, plaster, glass, diode wood
80 x 40 x 200 cm

Ursula Hansbauer & Ursula Hansbauer
Wolfgang Konrad   1973 geboren / born in Salzburg; lebt und arbeitet /
                   lives and works in Wien / Vienna

                   Wolfgang Konrad
                   1974 geboren / born in Graz; lebt und arbeitet /
                   lives and works in Wien / Vienna

                   Ausbildung / Education
                   2000–2002 Akademie der Künste, Wien / Vienna

                   Ausstellungen (Auswahl) / Shows (selection)
                   2008 Koloniale Saat, MUSA Startgalerie, Wien / Vienna
                   2007 woweltenwachsen Frise, Künstlerhaus, Hamburg
                   2005 Niemandsland, Galerie 5020, Salzburg
                   2003 Schmarotze, Akademie der bildenden Künste, Wien / Vienna

                   Filmfestivals (Auswahl) / Filmfestivals (selection)
                   Hors Pistes Centre Pompidou, Paris
                   Globale 2006 (Eröffnungsfilm), Berlin
                   Belgium International Film Festival, Rotterdam
                   DokFest – Kasseler Film- und Videotage, Kassel

Frank Hesse

Mit Vorliebe untersucht der Künstler kulturelle Phänomene an Nebenschauplätzen. Seine Arbeiten aus Texten und Bildern basieren häufig auf Ereignissen oder Dokumenten, die er fiktiv miteinander in Beziehung setzt. Die Diaprojektion „Wildkaninchen" verknüpft zwei Geschichten miteinander, die in der Historie nie zusammengelesen wurden: die Population einer Kaninchenrasse auf einer Insel im Bieler See und die des verfolgten Jean-Jacques Rousseau. Der französische Vordenker einer Naturphilosophie war 1765 auf jene schweizerische Insel geflüchtet und hatte vergebens um Asyl gebeten. Er siedelte dort aber eine Kaninchenrasse an, die sich über 200 Jahre lang unter widrigsten Bedingungen hielt, bevor sie in den siebziger Jahren ausgerottet wurde.

The artist delights in examining cultural phenomena on secondary theaters of operation. His works comprising texts and images are often based on occurrences or documents that he brings into a fictional relationship to each other. The slide projection "Wild Rabbit" links two stories that were never read together historically: the story of the population of a breed of rabbits on an island in Lake Biel and that of the persecuted French philosopher and literary figure Jean-Jacques Rousseau. The architect of a natural philosophy fled to the self-same Swiss island in 1765 and sought in vain to be granted asylum there. But he established a colony of rabbits there that survived over 200 years despite the most adverse conditions before it was finally exterminated in the nineteen seventies.

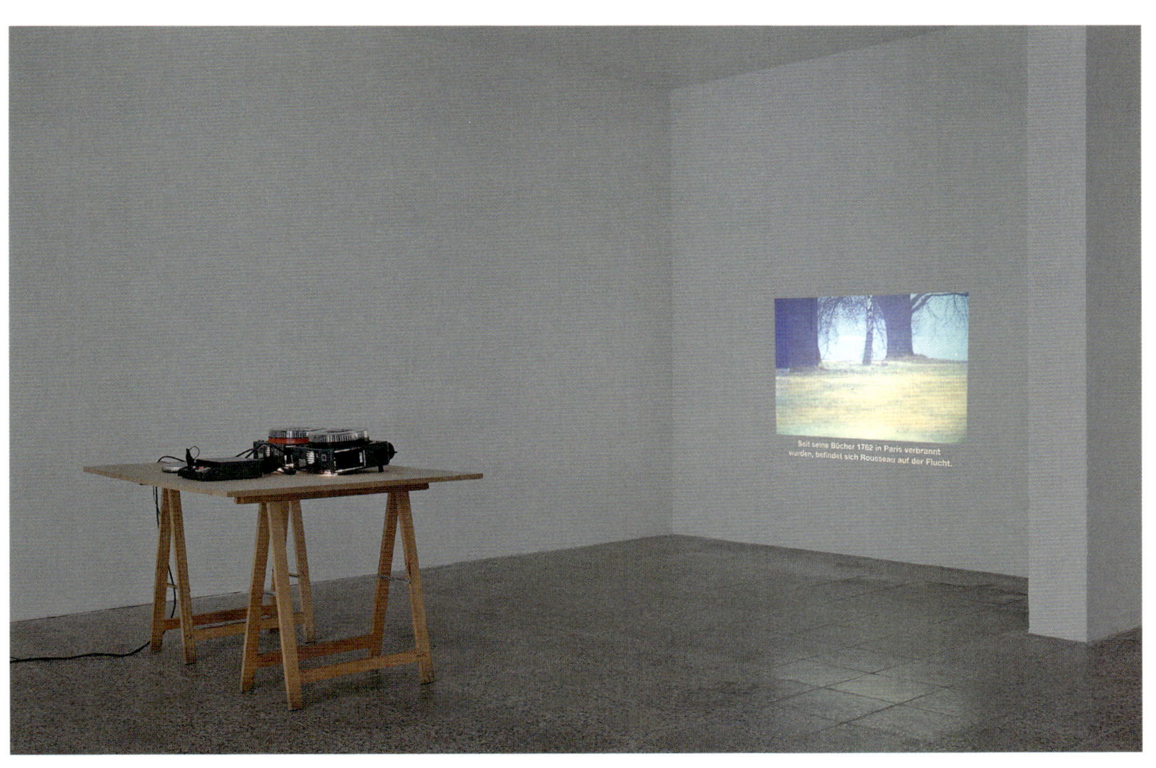

Supplement
Installationsansicht
installation view
Kunstverein Leipzig, 2008

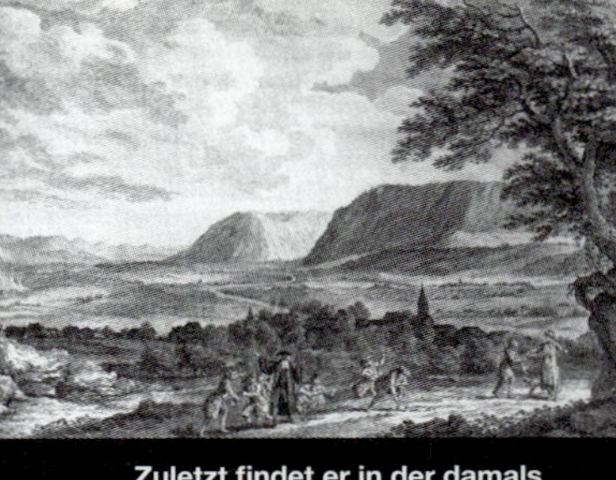

Seit seine Bücher 1762 in Paris verbrannt
wurden, befindet sich Rousseau auf der Flucht.

Zuletzt findet er in der damals
preußischen Exklave Neuchâtel Aufnahme,

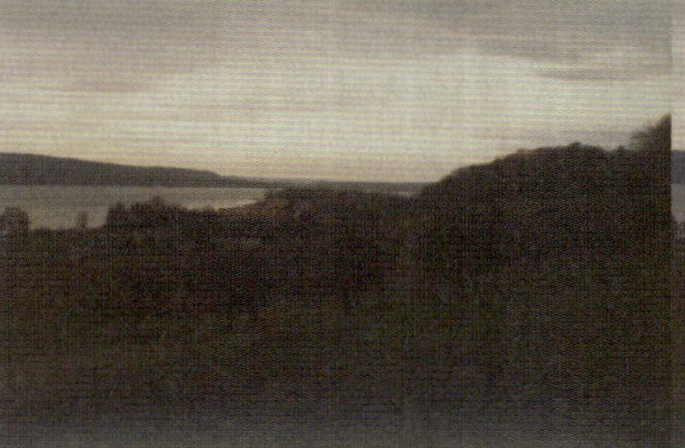
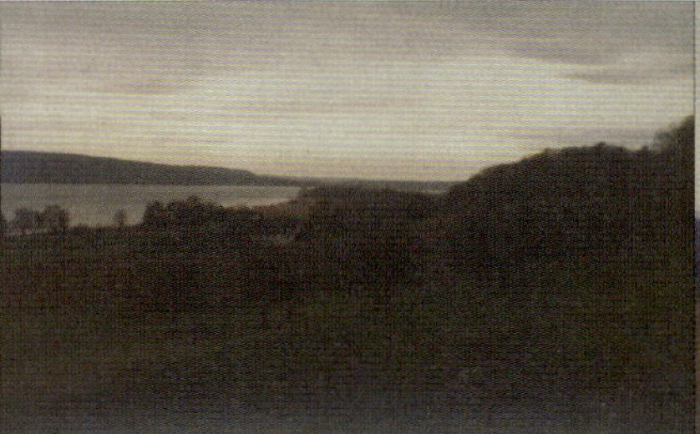
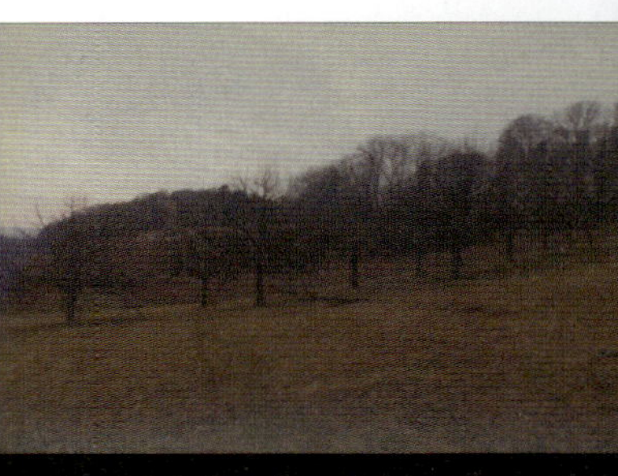

schlägt er den Behörden vor, ihn für den Rest
seines Lebens auf der Insel festzusetzen.

Hier wähnt er sich sicher vor weiteren Übergriffen.

Außerdem hofft er darauf, dass seine Verfolge[r]
damit zufrieden sein werden,

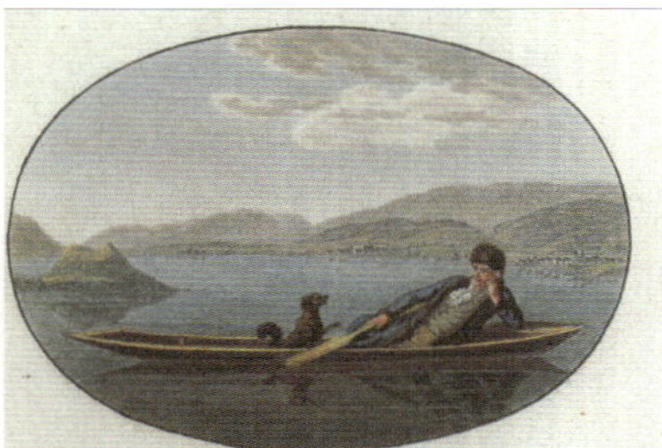
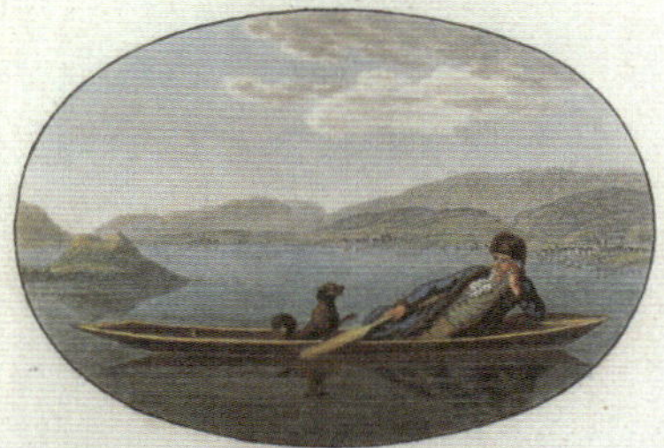
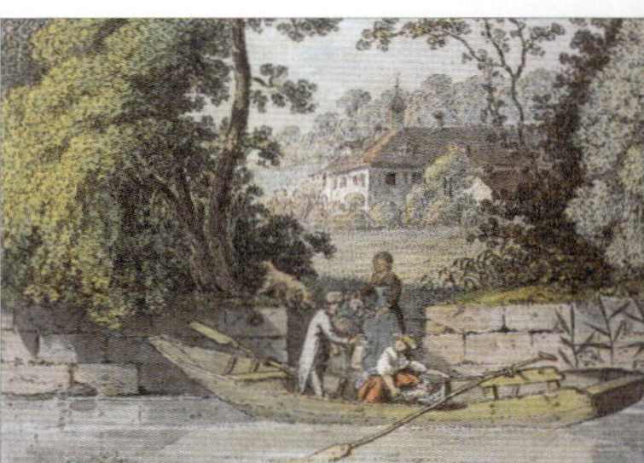

Während seines kurzen Aufenthalts
genießt er das Inselleben in vollen Zügen.

Er betreibt botanische Studien, betätigt
sich im Garten und rudert auf dem See.

Bevor sein Gesuch abgelehnt wird, und er
gezwungen ist, seine Flucht fortzusetzen,

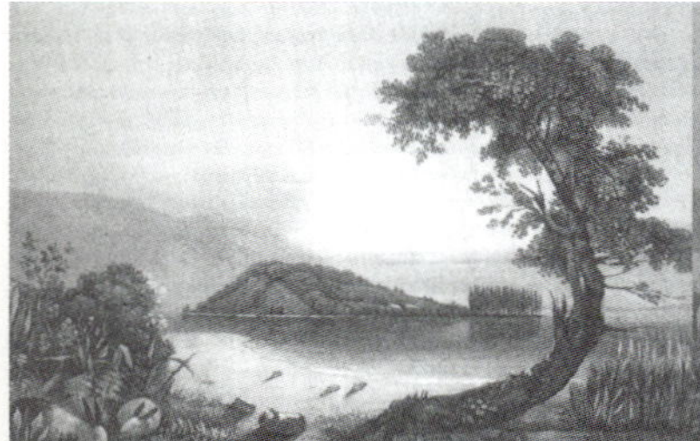
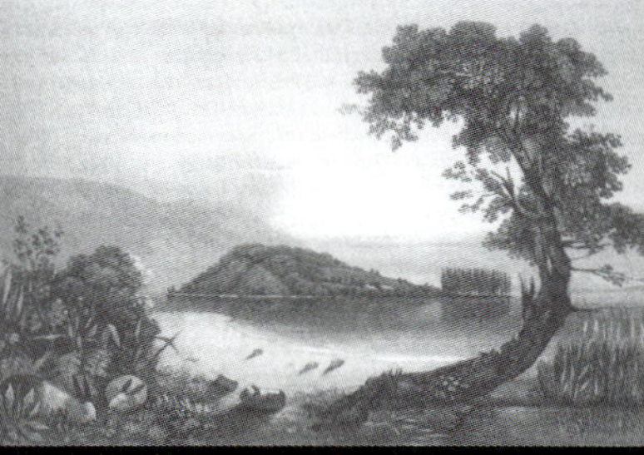
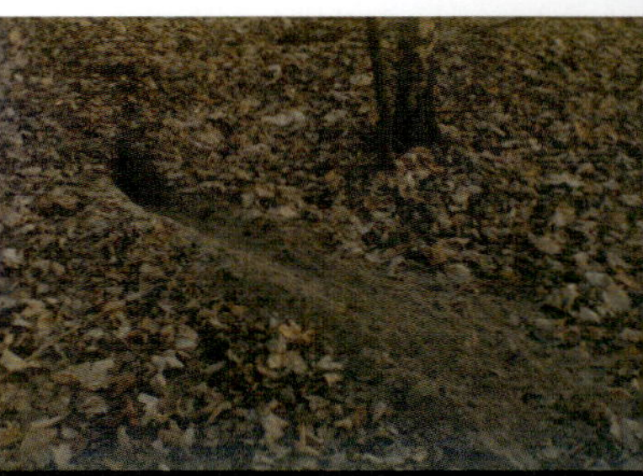

In diesem Sinne treten sie nach Rousseaus
Verbannung dessen Vermächtnis an.

Mangels geeigneten Bodens bleibt dieser
erste Ansiedlungsversuch jedoch erfolglos.

Dies ändert sich, als die
1. Juragewässerkorrektion 1868–1878

 Wildkaninchen, 2007, Diainstallation/slide projection, 10´40 min, Courtesy Galerie Adamski, Aachen/Berlin und der Künstler/and the artist

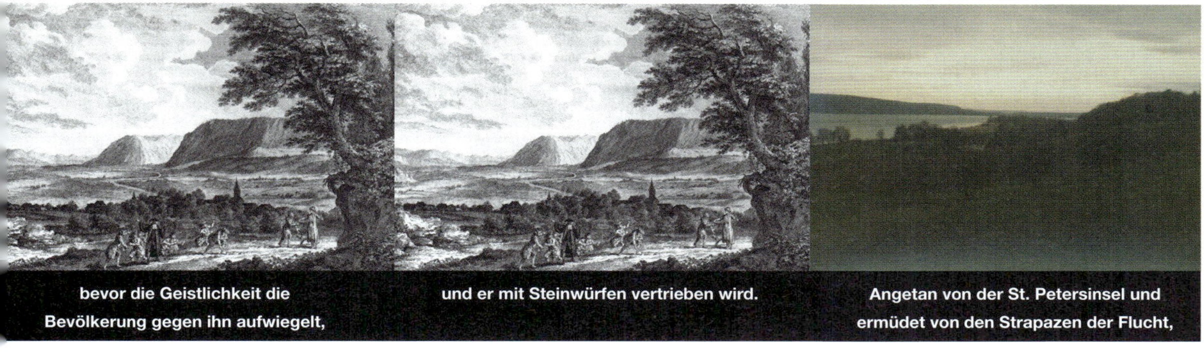

bevor die Geistlichkeit die
Bevölkerung gegen ihn aufwiegelt,

und er mit Steinwürfen vertrieben wird.

Angetan von der St. Petersinsel und
ermüdet von den Strapazen der Flucht,

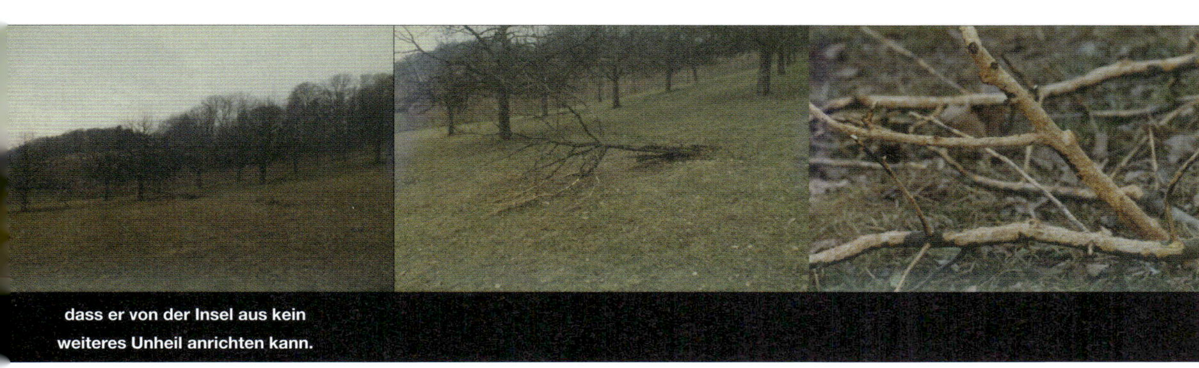

dass er von der Insel aus kein
weiteres Unheil anrichten kann.

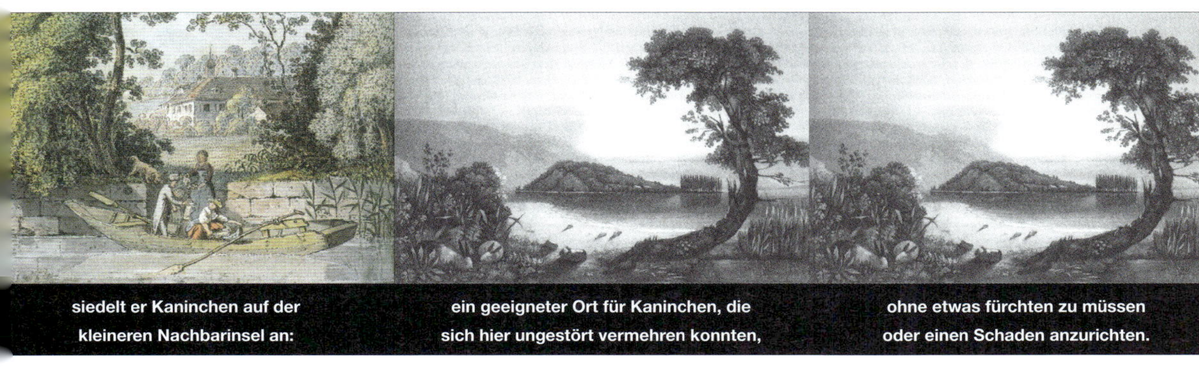

siedelt er Kaninchen auf der
kleineren Nachbarinsel an:

ein geeigneter Ort für Kaninchen, die
sich hier ungestört vermehren konnten,

ohne etwas fürchten zu müssen
oder einen Schaden anzurichten.

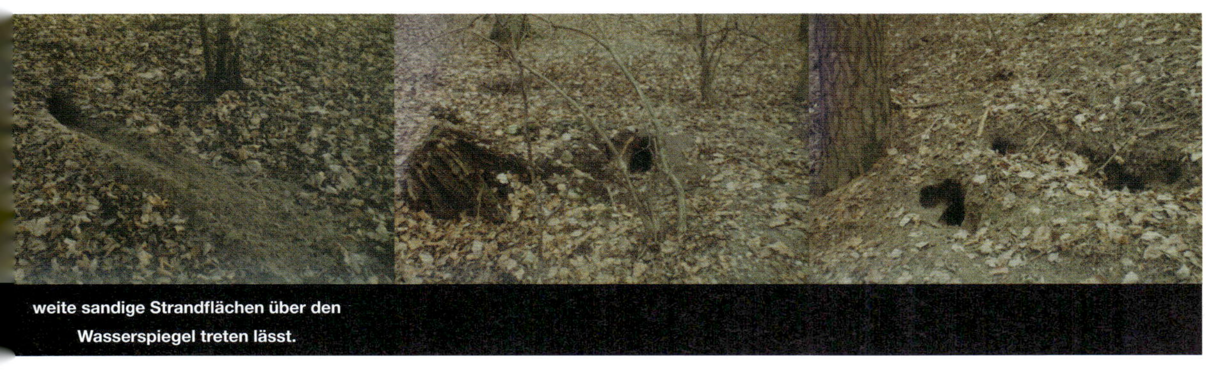

weite sandige Strandflächen über den
Wasserspiegel treten lässt.

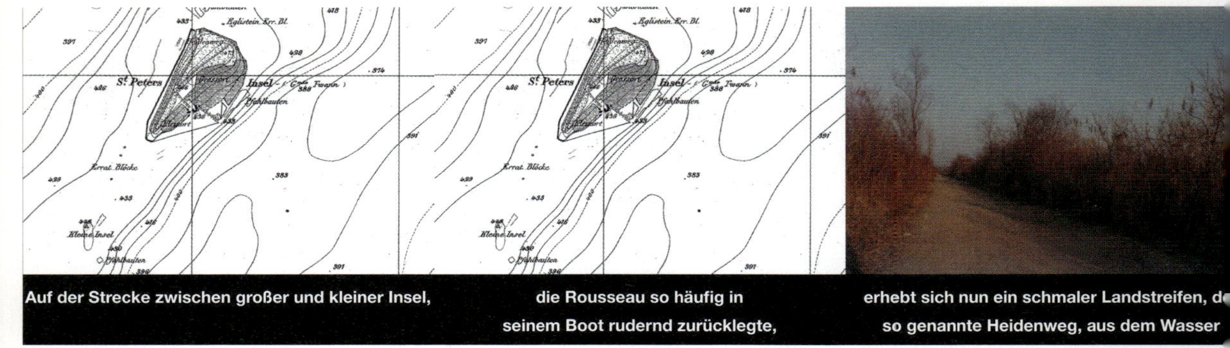

Auf der Strecke zwischen großer und kleiner Insel,   die Rousseau so häufig in   erhebt sich nun ein schmaler Landstreifen, d[er]
seinem Boot rudernd zurücklegte,   so genannte Heidenweg, aus dem Wasser

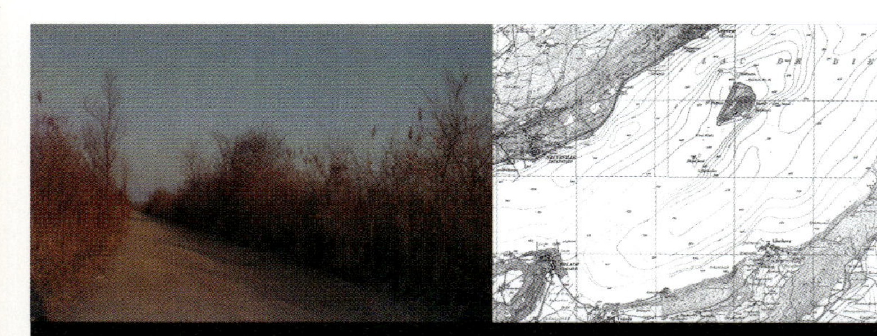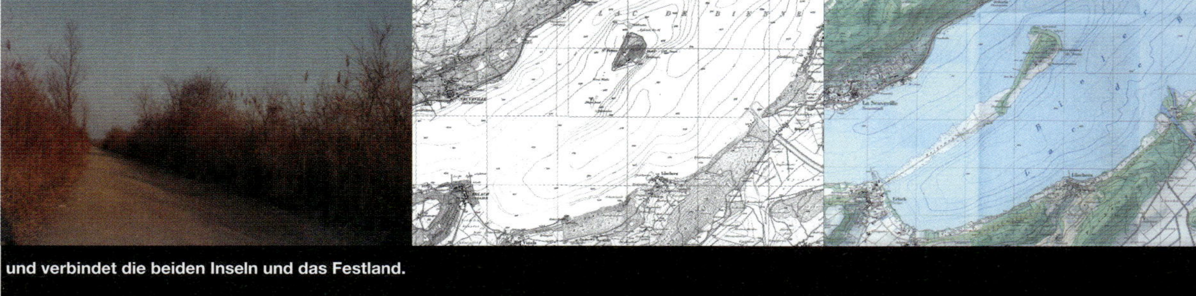

und verbindet die beiden Inseln und das Festland.

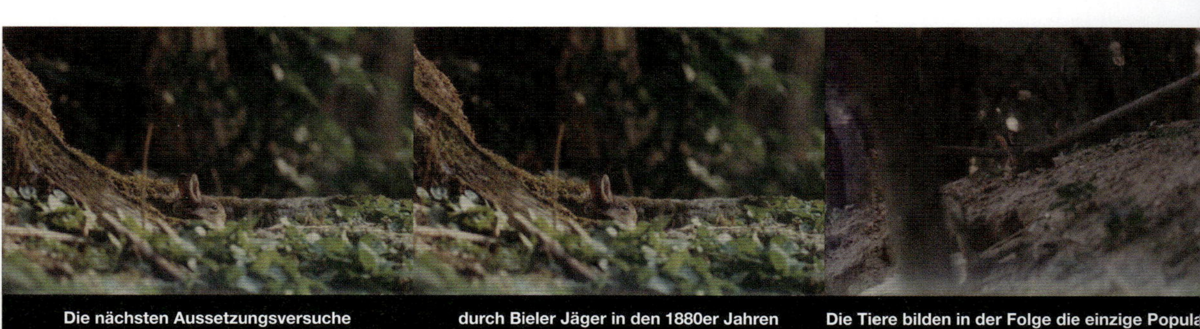

Die nächsten Aussetzungsversuche   durch Bieler Jäger in den 1880er Jahren   Die Tiere bilden in der Folge die einzige Popula[tion]
von Wildkaninchen   führen zu einer dauerhaften Besiedlung.

dieser sonst in der Schweiz
nicht beheimateten Spezies.

Frank Hesse   1970 geboren / born in Stuttgart; lebt und arbeitet / lives
and works in Zürich / Zurich

Ausbildung / Education
1995–2003 Hochschule für Bildende Künste Hamburg

Einzelausstellungen (Auswahl) / Solo shows (selection)
2008 Supplement, Kunstverein Leipzig
2007 My Dear Beneficiary, Palais für aktuelle Kunst, Glückstadt
Zufluchtsorte vor der Sorgenkralle, Adamski Gallery, Berlin
2006 Bei Fachleuten besonders beliebt, Adamski Gallery, Aachen
2004 75 slides, Blaue Kugel, Hamburg

Gruppenausstellungen (Auswahl) / Group shows (selection)
2008 Jahresgaben 2008, Neuer Aachener Kunstverein
Gastspiel, Ausstellungsprojekt in Rüdesheim / Rhein
Rustikale Tradition, Hermes und der Pfau, Stuttgart
2007 Korrespondenzen. Kunst und Literatur, Enzyklopädien und
Deklinationen, Galerie der Stadt Sindelfingen
Paradise Lost (Collector's City), Kunstherbst Berlin
Diplopie – Werke aus der Sammlung Ivo Wessel,
Kunstverein Göttingen
Say it isn't so, Neues Museum Weserburg Bremen
Mapping the City, Stedelijk Museum Amsterdam
Stipendiaten 2005 – Hamburger Arbeitsstipendien für Bildende
Kunst, Kunsthaus Hamburg
2006 MACBA Collection, Museu d'Art Contemporani de Barcelona
Open Space 2006 at Art Cologne, Köln / Cologne
After Cage, Neuer Aachener Kunstverein, Aachen / Liège /
Hasselt / Maastricht
Sculpture, Rental Gallery, Los Angeles
Frank Hesse, Jochen Lempert, Leonid Sokhranski,
Galerie Thomas Flor, Düsseldorf
Body and Soul – Regard sur une collection privée,
Frac Provence Alpes-Côte d'Azur, Marseille
2005 BewerberInnen für das Hamburger Arbeitsstipendium
für bildende Kunst, Kunsthaus Hamburg
2004 wer immer strebend sich bemüht, den können wir erlösen,
Adamski Gallery, Aachen

Katie Holten

In Zeichnungen, Objekten und Installationen tastet sich die Künstlerin so subtil wie sozial engagiert an das große Thema „Natur" heran. So hat sie eine drei Meter große brüchig wirkende Erdkugel aus Holzgerippe mit Seiten der deutschen Zeitung „Die Welt" beklebt und die Nachrichten mit weißer Farbe gelöscht. Die einzelnen Erdteile zeichnete sie aus dem Gedächtnis. Entsprechend sind Länder und Meere verschoben, verzerrt oder fehlen ganz. In Hildesheim erzählt Holten mit echten und gefakten Gesteinsproben eine „Geschichte der Zukunft". Sie bezieht sich auf aktuelle Laborversuche, wonach CO_2 aus der Atmosphäre gefiltert und in Gestein umgewandelt werden kann. Im Museum füllt sie Vitrinen mit den wissenschaftlich hergestellten Steinen und ergänzt sie um von ihr angefertigte Repliken aus Ton. Damit bezieht sie sich auch auf eine gängige Praxis in Naturkundemuseen, echte Exemplare neben Imitaten zu präsentieren.

The artist approaches the great theme of nature in a subtle as well as socially committed way by means of drawings, objects, and installations. She for example pasted a three-meter large, seemingly brittle globe made of a wood framework with pages from the German daily newspaper "Die Welt" and blanked out the news with white paint. She drew the various parts of the world from memory. Accordingly, countries and oceans are shifted from their true locations and they are distorted or missing entirely. In Hildesheim Holten relates a "history of the future" with real and fake rock specimens. In doing so she references recent laboratory experiments in which carbon dioxide is filtered out of the atmosphere and transformed into rocks. In the museum she fills showcases with scientifically produced rocks and supplements them with replicas she made out of clay. In this way she also references the common practice of presenting authentic artifacts next to imitations in natural history museums.

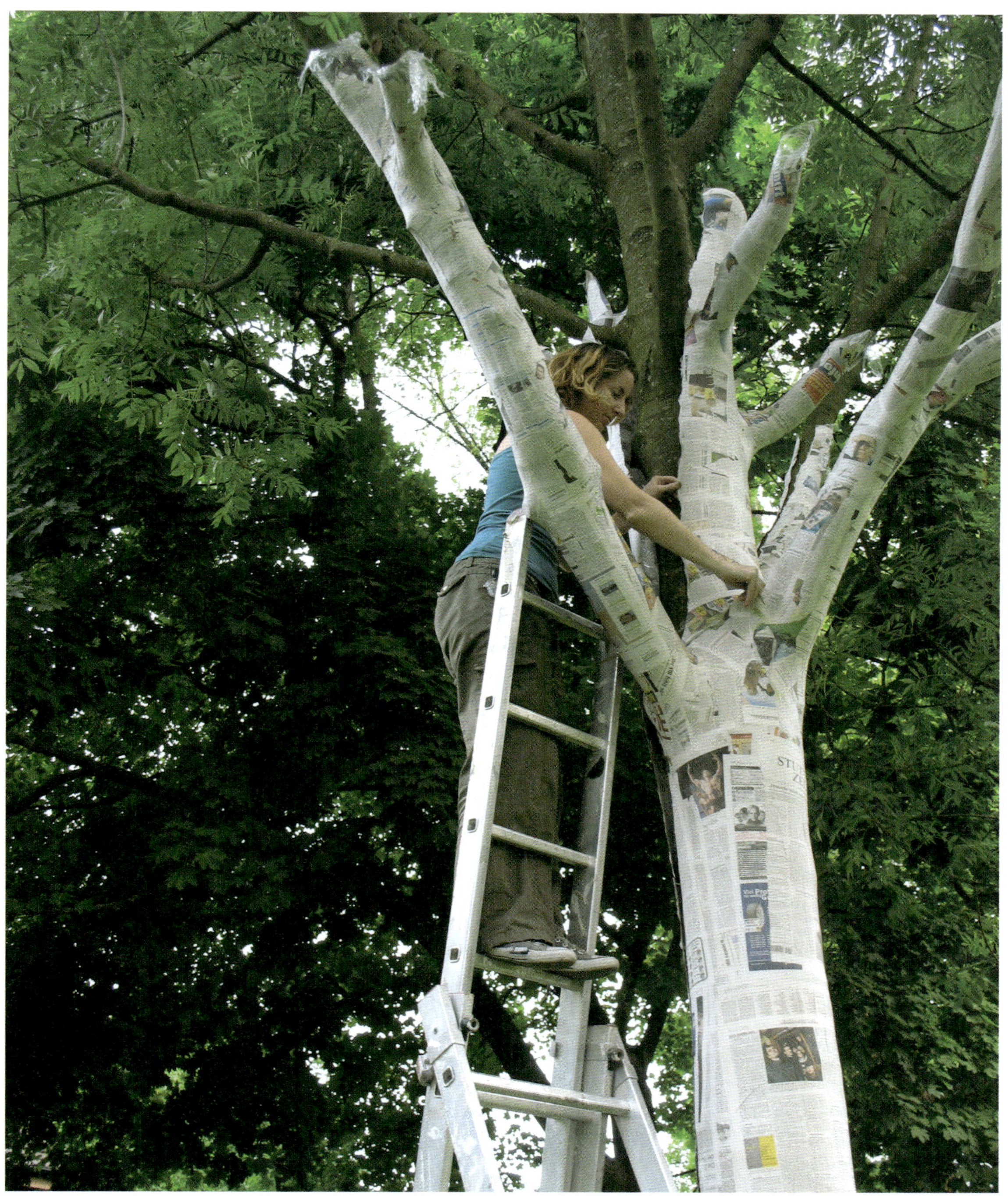

Tree for the Villa Merkel, 2008
Abformung eines Baumes mit Zeitungspapier und Leim
cast of a tree made from newspaper and glue
Courtesy VAN HORN, Düsseldorf

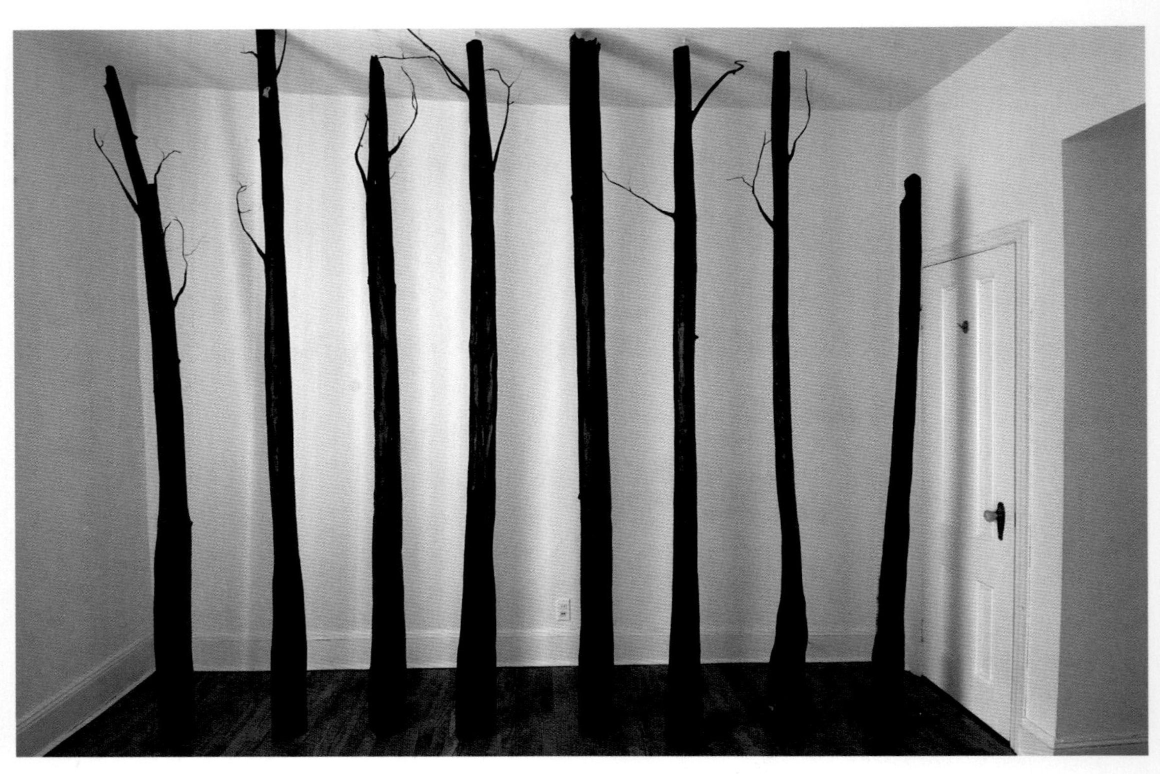

Old News (Ghost Forest), 2007–2008
Tinte auf verleimtem Zeitungspapier, Draht
ink on molded newspaper and wire
variable Größe/size variable
Courtesy Gasser & Grunert, New York

Globes, 2006–2008
Tinte, Acryl, verleimtes Zeitungspapier
ink, acrylic on molded newspaper
23 x 23 x 23 cm,
Courtesy Gasser & Grunert, New York

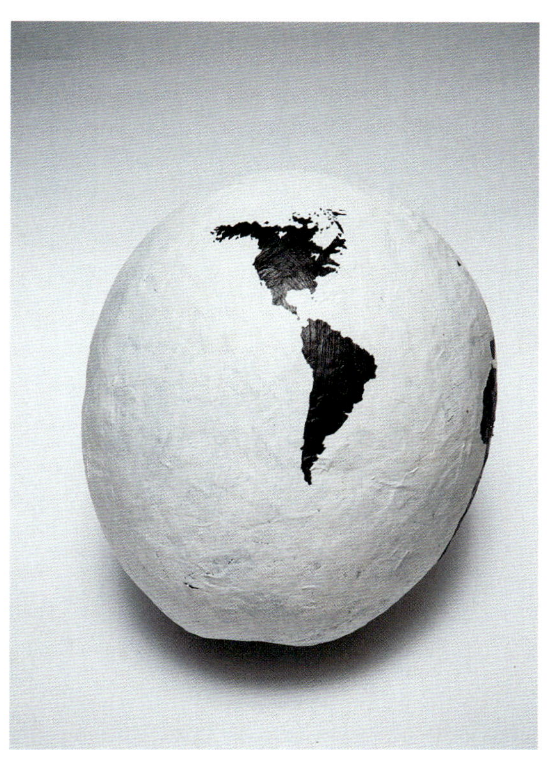
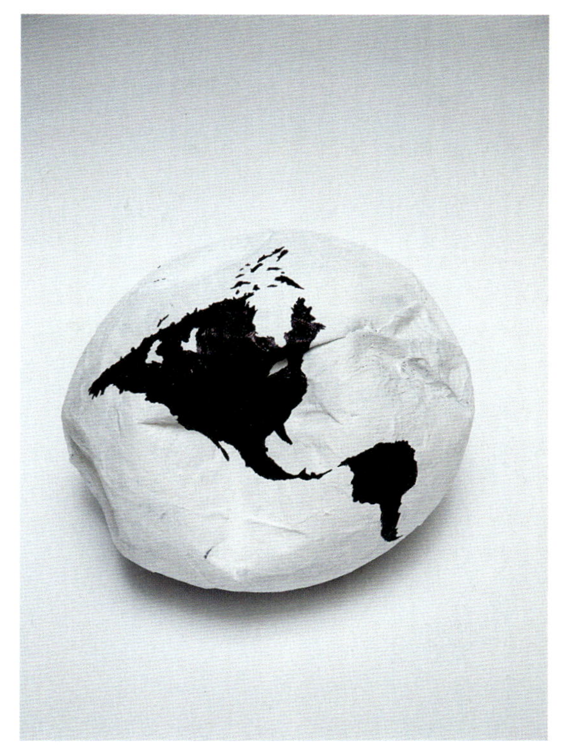
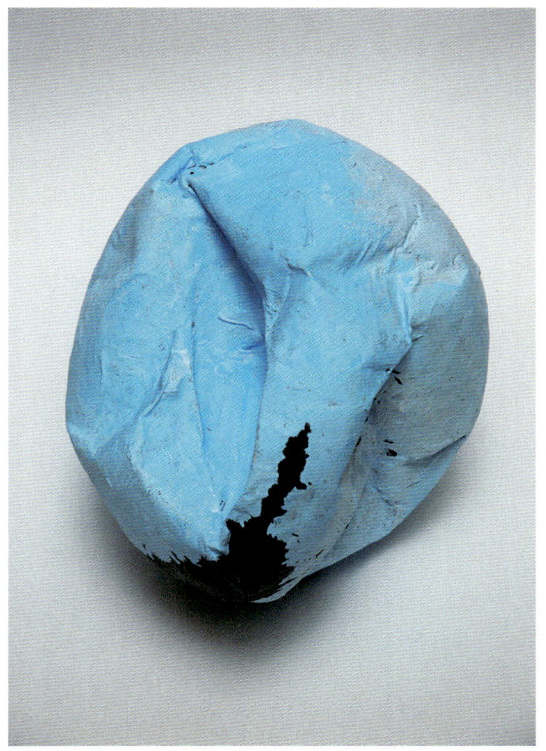
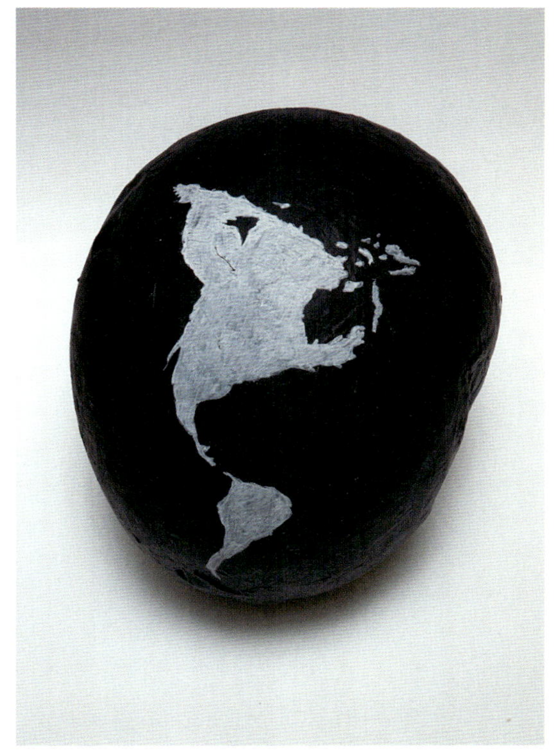

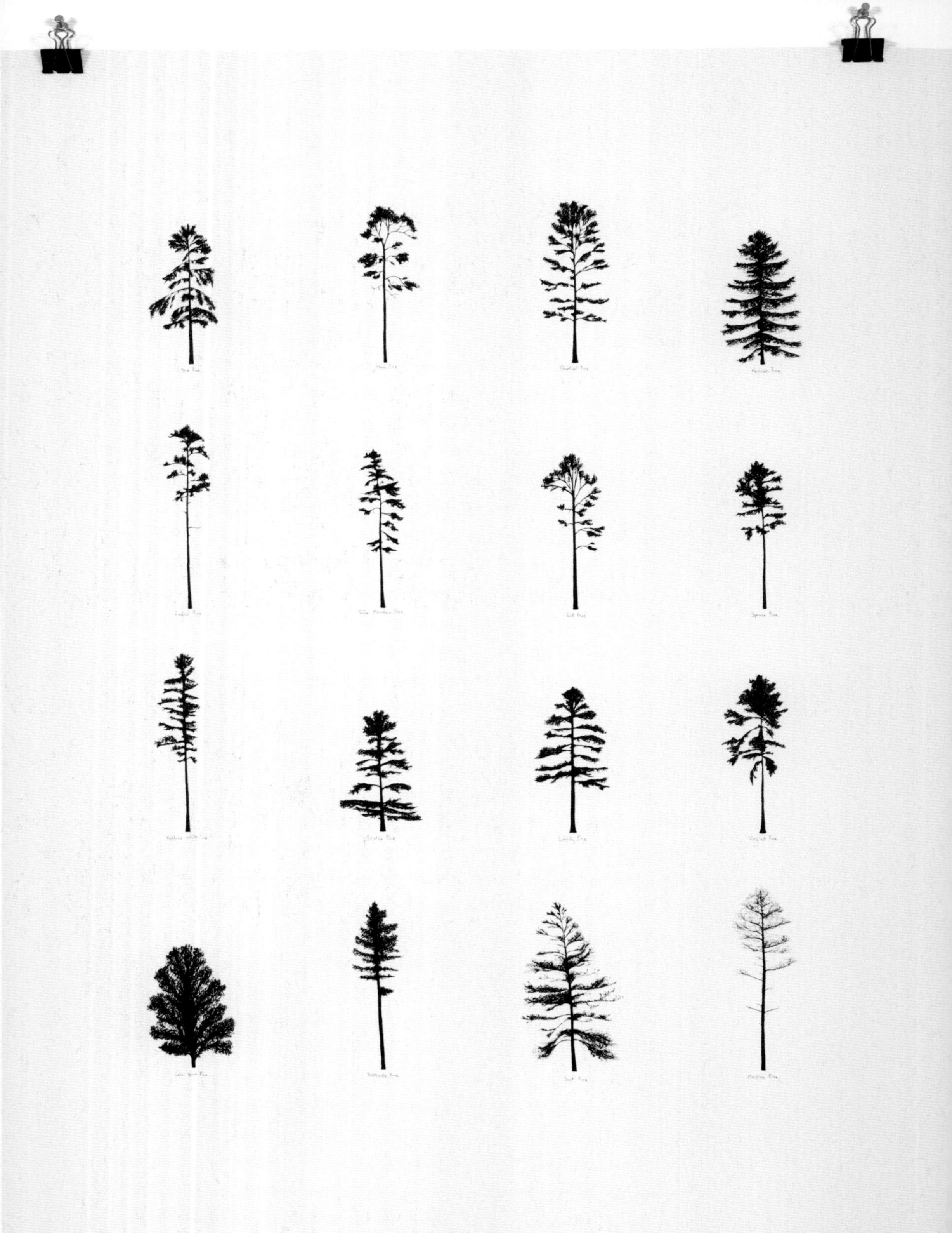

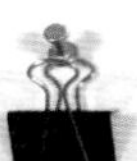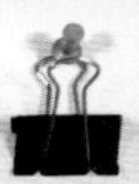

Trees of USA, 2000, Tinte auf Papier/ink on paper, 119,4 x 82,6 cm, Courtesy VAN HORN, Düsseldorf

Katie Holten

1975 geboren / born in Dublin; lebt und arbeitet / lives and works in New York City

Ausbildung / Education
1994–1998 National College of Art and Design, Dublin, Ireland (B.A. Joint Honours in History of Art and Fine Art)
1997 Hochschule der Künste Berlin

Einzelausstellungen (Auswahl) / Solo shows (selection)
2008 Katie Holten, Nevada Museum of Art, Reno
Katie Holten, Villa Merkel, Esslingen
Uprooted, Klemens Gasser & Tanja Grunert, Inc. New York
2007 Paths of Desire, Contemporary Art Museum St. Louis
The Best's To Come, VAN HORN, Düsseldorf
Katie Holten, Schürmann Berlin
2006 700% PLUS, KBH Kunsthal, Kopenhagen / Copenhagen
GRAN BAZAAR, Uruguay # 40, Centro Histórico, Mexico-City
2005 One Fine Day, VAN HORN, Düsseldorf
A New Universe, LMAKprojects, Brooklyn, New York
2003 Laboratorio della Vigna, Irish Pavilion, Venice Biennale
Beta vulgaris, W139, Amsterdam
2002 137.5°, Temple Bar Gallery, Dublin

Gruppenausstellungen (Auswahl) / Group shows (selection)
2008 Nature Interrupted, Chelsea Art Museum, New York
Into The Trees, The Fields Sculpture Park, Art Omi, New York
Exploration, Highlanes Gallery / Droichead Arts Centre, Drogheda
2007 Art is Flowering, Pforzheim Kunstverein
Shifting Ground, Angel Row Gallery, Nottingham
Jahresgaben, Neuer Aachener Kunstverein, Aachen
2006 Soft Sites, Institute of Contemporary Art, Philadelphia
2005 Editionen, Wiener Secession, Wien / Vienna
Red White Blue, Spencer Brownstone Gallery, New York
2004 Junge Akademie, Akademie der Künste, Berlin
2003 Prague Biennale, National Gallery, Prag / Prague
2002 Archipelago, Museum of Contemporary Art, Denver

Sanna Kannisto

Seit fast einem Jahrzehnt reist die Künstlerin mehrere Mo-
nate im Jahr zusammen mit Biologenteams in die Regenwäl-
der von Süd- und Mittelamerika. In den Forschungscamps hat
Kannisto, orientiert an wissenschaftlichen Verfahren, ihre
eigene Methode entwickelt, um Flora, Fauna und Tierwelt mit
dem Medium der Fotografie zu dokumentieren. In ihrer umfangreichen Serie „Act of Flying" hat sie Momentaufnahmen von
Kolibris während des Fluges eingefangen. Dafür stellt sie
vor Ort eine kleine Bühne auf und lockt die Tiere mit einer
Schale Nektar. Sobald die Vögel vor dem weißen Hintergrund
erscheinen, wird über eine Infrarotsteuerung eine Kamera
ausgelöst. Ihre Fotoarbeiten zeigen die flügelschlagenden
Vögel in seltsam verdreht wirkenden Positionen vor einem un-
definierbaren Raum. Der weiße Hintergrund entfernt die Tiere
aus ihrem ursprünglichen Kontext und verschiebt die Erfahrung von Natur in den Bereich der Kultur.

For almost a decade, the artist has traveled for several
months a year to the rainforests of South and Central America
with teams of biologists. Orienting herself on scientific
procedures in the research camps, Kannisto developed her own
method of documenting the flora and fauna by means of the
media of photography. In her comprehensive "Act of Flying"
series she captured hummingbirds in flight using high speed
photography. To do so, she placed a small stage in situ and
attracted the animals with a bowl of nectar. An infrared-
controlled camera is triggered as soon as the birds appear
against the white backdrop. Her photographs depict the
flapping birds in seemingly strangely contorted positions
against an indefinable space.
The white backdrop removes the animals from their original
context and shifts the experience of nature to the realm of
culture.

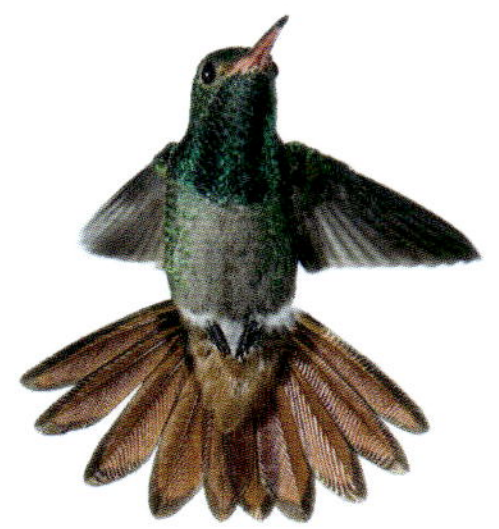

act of flying, amazilia tzacatl (1), 2007
c-print/diasec, 42 x 56 cm
Courtesy Georg Kargl Fine Arts, Wien/Vienna

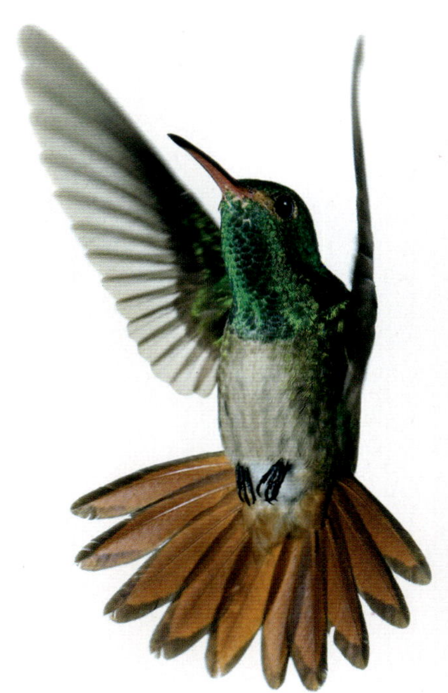

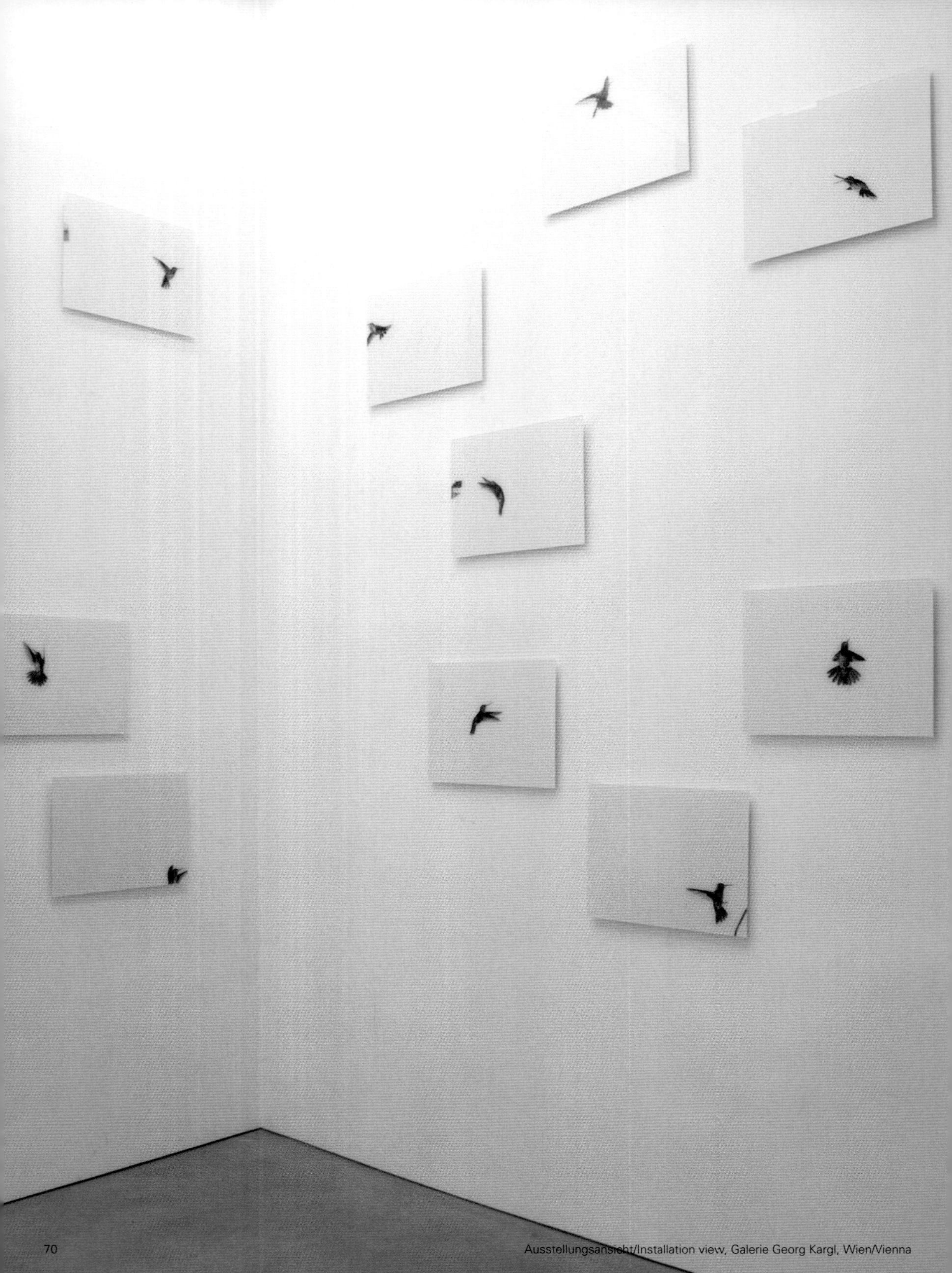

Ausstellungsansicht/Installation view, Galerie Georg Kargl, Wien/Vienna

Sanna Kannisto   1974 geboren / born in Hämeenlinna; lebt und arbeitet / lives and works in Helsinki

Ausbildung / Education
1998–2002 MA, University of Art and Design in Helsinki
1994–1997 Turku school of Art and Communication

Einzelausstellungen (Auswahl) / Solo shows (selection)
2008 Sanna Kannisto – Observations, Galerie Wilma Tolksdorf, Frankfurt/Main
Sanna Kannisto, Domaine de Kerguéhennec, Contempory Art Centre, Bignan
Korjaamo Culture Factory, Helsinki
Sanna Kannisto. Étrange Fascination, Galerie La Ferronnerie, Paris
2007 act of flying, Georg Kargl BOX, Wien / Vienna
Korjaamo gallery, Helsinki
2006 Jackson Fine Art, Atlanta
Yours Gallery, Warschau / Warsaw
Private Collection, Galerie Wilma Tolksdorf, Berlin
Gallery F-Station, Month of Photography in Krakow
Bergen Kunsthall, Bergen
2004 Private Collection, Galerie La Ferronnerie, Paris

Gruppenausstellungen (Auswahl) / Group shows (selection)
2008 CPIF – Le Centre Photographique d'Île de France, Pontault-Combault
2007 Forschen und Erfinden – Die Recherche mit Bildern in der zeitgenössischen Fotografie, Fotomuseum Winterthur
Self-timer, National Museum of Bucharest, Bukarest
Eläinten aika – Age of the Animal, Ateneum Art Museum, Helsinki
Photo Finnish – The Helsinki School, The Stenersen Museum, Oslo
2006 Selvudløser / Self-Timer, Kunsthallen Nikolaj - Nikolaj, Kopenhagen / Copenhagen, Contemporary Art Center, Kopenhagen / Copenhagen
Art, Life & Confusion, 47th October Salon 2006 – The Belgrade Biennial, Belgrade Cultural Centre, Belgrad
Vidifestival06 – The International Festival of Video art of Valencia
Glasgow Festival of Contemporary Visual Art, Tramway, Glasgow
The Faraway Nearby, White Box, New York
Self-timer / Selbstauslöser, Kunsthalle Fridericianum, Kassel
2005 The Helsinki School – A New Approach, Künstlerhaus Bethanien, Berlin

Künstler-
kollektiv
finger

Das Künstlerduo Florian Haas und Andreas Wolf nutzt die traditionelle Imkerei mit Honigbienen für Bestandsaufnahmen im Bereich Umwelt- und Naturschutz. In Hildesheim hat das Künstlerduo im zeitigen Frühjahr zwei Bienenkästen beim Museum aufgestellt, das von einer hiesigen Imkerin betreut wird. Ziel der Arbeit ist es, die im Verlauf des Sommers gesammelte Tracht im Labor mittels Pollenanalyse zu untersuchen. Dabei können alle von den Bienen im Umkreis des Museums angesteuerten blühenden Pflanzen identifiziert und klassifiziert werden. Der derzeitige Stand der Pflanzenwelt in einer mittleren Stadt kann ermittelt werden und als Indikator für Vielfalt oder Armut an natürlichen Ressourcen gelten. Eine Schadstoffuntersuchung kommt ergänzend hinzu. Zur Ausstellung im Herbst wird der vor Ort gewonnene Honig von den Künstlern gelabelt und im Museum angeboten. Dabei gilt, dass der Stadthonig von hoher Qualität ist und das typische Stadt-Land Verhältnis kippt: Hier wachsen die Pflanzen wild, es gibt kein genmanipuliertes Material, keine Monokulturen oder den Einsatz von Insektiziden.

The artist duo Florian Haas and Andreas Wolf use traditional apiculture with honeybees for inventories in the areas of environmental protection and conservation. In early spring, the artist duo set up two beehives cared for by a local beekeeper near the museum in Hildesheim. The aim of the piece is to examine the bee's nourishment that is gathered there over the course of the summer by means of a laboratory pollen analysis. It is thus becomes possible to identify and classify all the flowering plants visited by the bees in the vicinity of the museum. The present state of the plant world in a middle-sized city can be ascertained and used as an indicator of the variety or lack of natural resources. A study of the pollutants is also included. During the exhibition in the fall, the artists will label and offer the honey produced in the immediate vicinity of the museum. And it is true that the urban honey is of high quality and that the relationship between town and country is reversed: plants grow wild here, there is no gene manipulated material, no monocultures or use of insecticides.

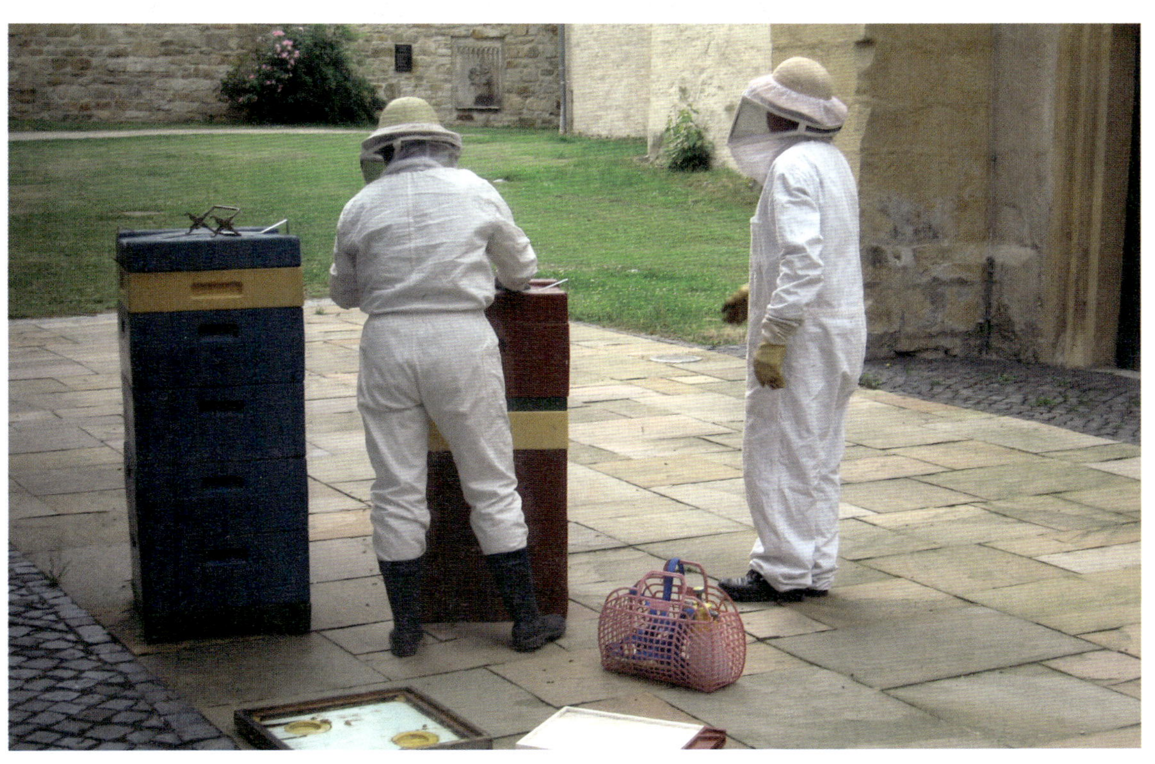

Installation der Bienenkästen vor dem
Roemer- und Pelizaeus- Museum
Hildesheim mit Imkerin Nina Lipecki, 2008
installation of hives in front of the
Roemer- und Pelizaeus- Museum
Hildesheim with the beemaster Nina Lipecki

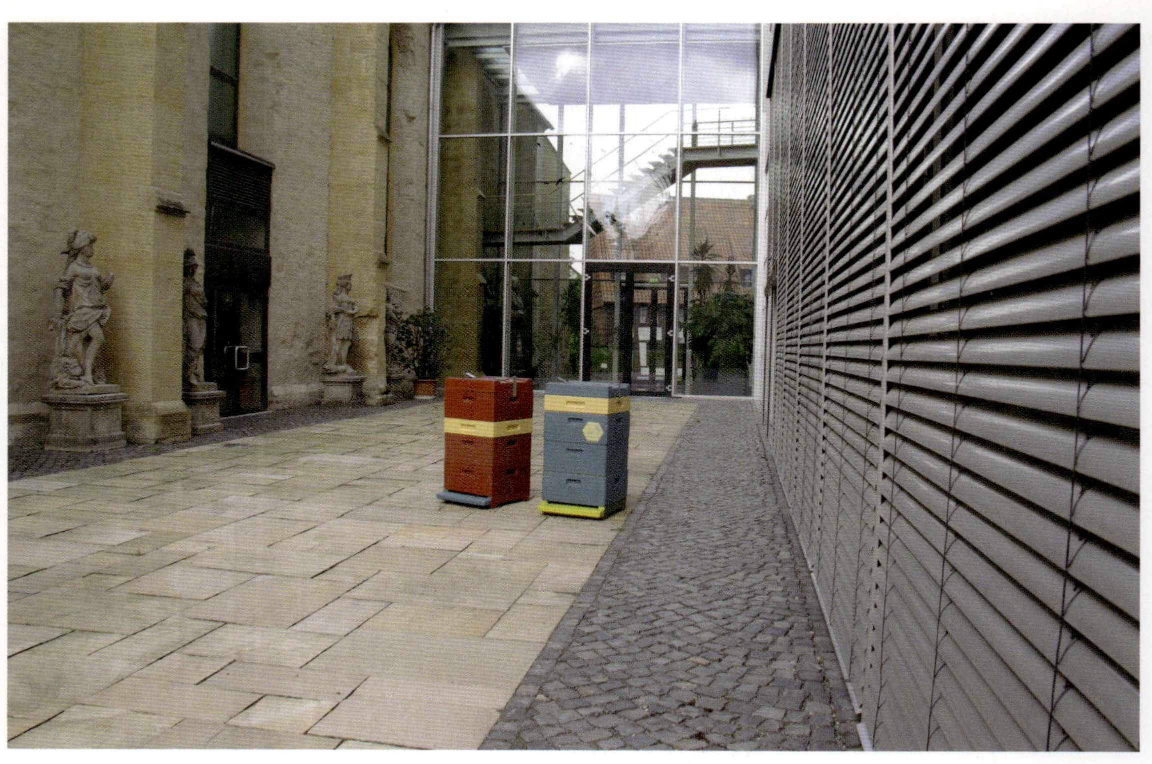

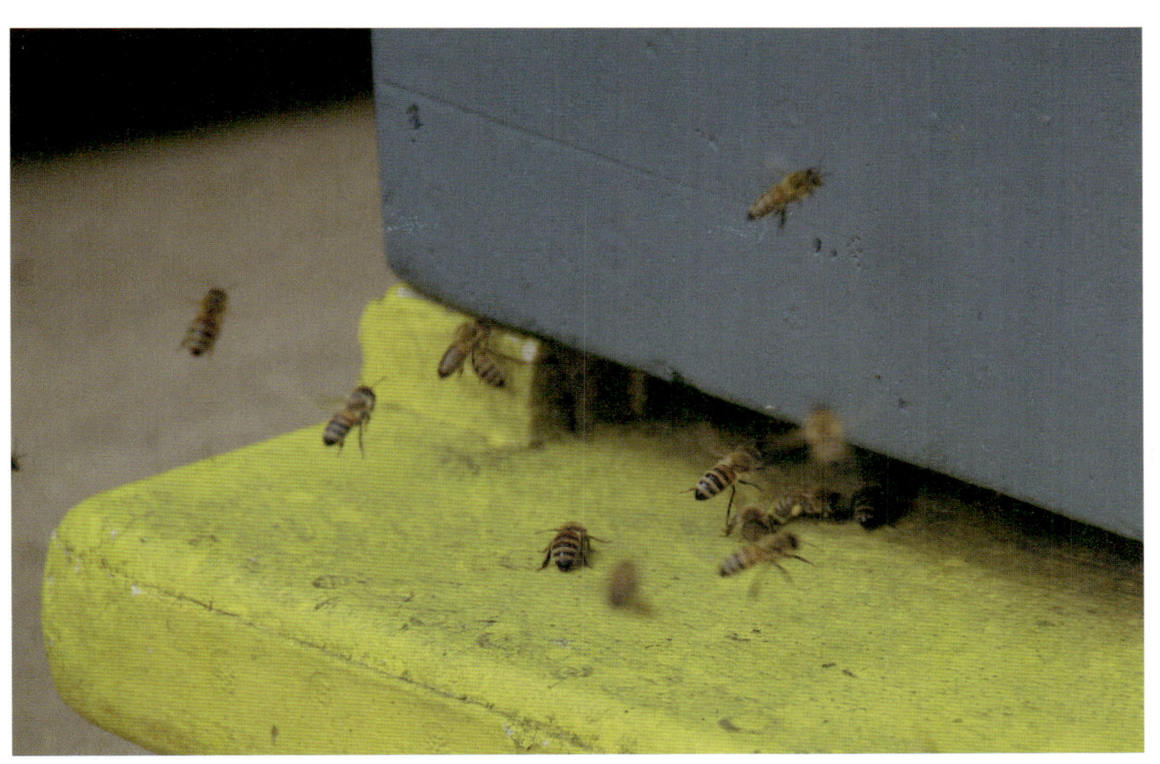

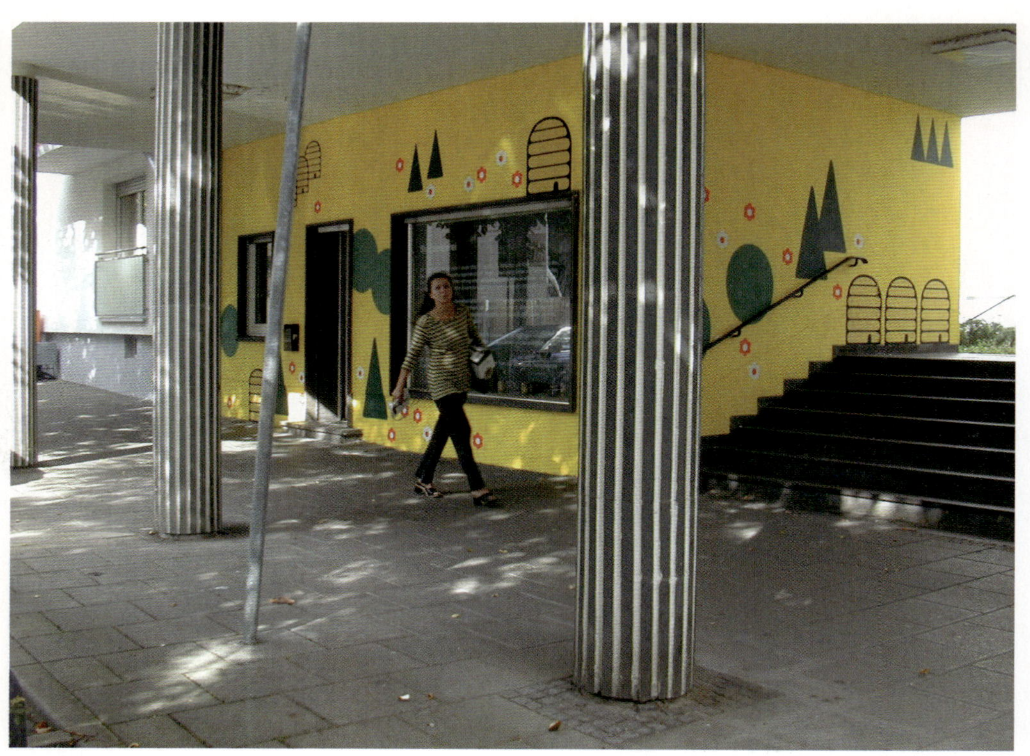

Zentrale der Stadtimkerei
in Frankfurt/Main
headquarters of urban apiary
in Frankfurt/Main

<table>
<tr><td valign="top">

Künstler-
kollektiv
finger

</td><td valign="top">

„finger" gründete sich / was founded in 1998

Florian Haas
1961 geboren / born in Freiburg im Breisgau;
lebt und arbeitet / works and lives in Frankfurt/Main
Ausbildung / Education
1983–1991 Akademie der Bildenden Künste Karlsruhe und Freiburg

Andreas Wolf
1969 geboren / born in Mainz; lebt und arbeitet
works and lives in Frankfurt/Main
Ausbildung / Education
1995–1996 Staatliche Akademie der Bildenden Künste Stuttgart
1992–1995 Freie Kunsthochschule Nürtingen

Ausstellungen / Group shows (selection)
2008 Gemischte Bienengruppe, zusammen mit / in cooperation
with the Verein für Soziale Heimstätten, Frankfurt
Bienen für das Museum, Museum für Moderne Kunst, Frankfurt/Main
Parcours Interdit 2008, Kunstverein Malkasten, Düsseldorf
The enterprise of Art, Palazzo delle Arti Napoli
2007 Bienenfallen, Vogelfrei, Gärten des Komponistenviertels,
Darmstadt
2006 Demokratie üben, Westfälischer Kunstverein Münster
2004 Evolutionäre Zellen 2004, Karl Ernst Osthaus Museum, Hagen
Evolutionäre Zellen 2004, Symposium: How do you design your society?,
Neue Gesellschaft für Bildende Kunst, Berlin
Festival Theaterformen 2004, Schauspielhaus, Hannover
2003 Die Sehnsucht des Kartographen, Kunstverein Hannover
2002 Evolutionäre Zellen – Dokumentation des Wettbewerbs /
Documentation of the Competition, Neue Gesellschaft für Bil-
dende Kunst, Berlin
Museutopia, Karl Ernst Osthaus Museum, Hagen
Manifesta 4, Frankfurt/Main
Transmediale 02 – Go Public, Salon, Haus der Kulturen der Welt, Berlin
2001 Kiosk – in and out of print, Models of Multiplication,
organised by Revolver – Archiv für aktuelle Kunst
Freie Wahlen, Junge Kunst: Selbstorganisation und Marktsitu-
ation, Staatliche Kunsthalle Baden-Baden
Auf hohem Niveau, Kunststiftung Baden-Württemberg, Stuttgart
Landschaftsbauhütte Ruhrtal, Karl Ernst Osthaus Museum, Hagen

</td></tr>
</table>

Jochen Lempert

Der als Biologe ausgebildete Künstler ist ein Sammler von
Bildern aus dem Tier- und Pflanzenreich außerhalb ihres natürlichen Kontextes. Seine Entdeckungen hält er mit einer
analogen Kamera fest. Das auf diese Weise entstandene umfangreiche Archiv von Schwarzweißfotografien dokumentiert
Denk- und Merkwürdiges im komplexen System zwischen Tier,
Mensch und Umwelt. Im Ausstellungskontext stellt Lempert
themenbezogene Bilder zueinander, schafft Ähnlichkeiten und
ermöglicht Vergleiche. Sein Vorgehen ist subjektiv und lässt
den Betrachter teilhaben an den Rätseln, die seinem Bild-
kosmos innewohnen. Seiner offenen Haltung entspricht die
unprätentiöse Präsentation. Den matten Abzügen, ein wenig
zerkratzt und an den Rändern gewellt, sieht man die Herkunft
aus dem eigenen Labor an. Lempert geht es um Denkräume, die
sich in der Imagination erweitern lassen. Entsprechend werden sie an den Wänden assoziativ angeordnet und lose fi-
xiert. In Hildesheim widmet sich der Künstler der zeitlichen
Dimension des Ausstellungsthemas. Dafür stellvertretend mag
ein Fotoabzug stehen, auf der Eintagsfliegen von einem Auto-
scheinwerfer angestrahlt werden. Die winzigen Tiere sind
kaum zu identifizieren und könnten auch Staub oder verglü-
hende Kometen sein.

The artist, who was trained as a biologist, is a collector
of pictures from the realm of plant and animal life outside their natural context. He captures his discoveries with
an analogue camera. The comprehensive archive of black and
white photographs assembled in this manner documents the
memorable and the remarkable in the complex system between
animals, humans and the environment. In context of the exhibition, Lempert juxtaposes thematically related pictures,
creates semblances and enables comparisons. His procedure
is subjective and allows the viewer to participate in the
puzzles inherent in his pictorial cosmos. His open attitude
corresponds to the unpretentious presentation. In the matt
prints, slightly scratched and curled at the edges, one can
recognize the origins of the prints in his own dark room.
Lempert is interested in avenues of thought that can expand
in the imagination. Accordingly, they are arranged loosely
attached on the walls in an associative manner. In Hildesheim, the artist devotes himself to the temporal dimensions
of the exhibition's subject matter. A representative example
might be the print in which a dayfly is illuminated in the
headlights of an automobile. The tiny animals can hardly be
identified and could also be dust or burning comets.

Regen, 2005, Fotografie Baryt-Papier/photograph on Baryt paper, diverse Formate/diverse sizes, Courtesy Sabine Schmidt Köln/Cologne

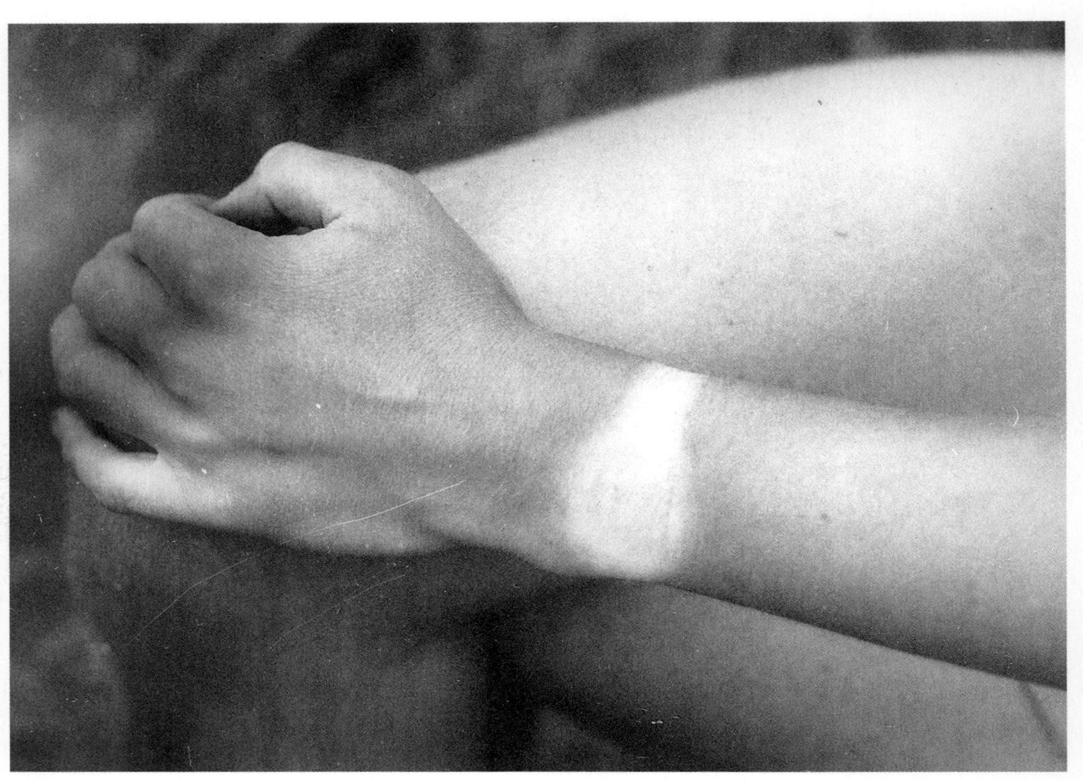

Onychophora, 2005
2-teilig, Fotografie Baryt-Papier
photograph on Baryt paper
24 x 30 cm
Courtesy Sabine Schmidt,
Köln/Cologne

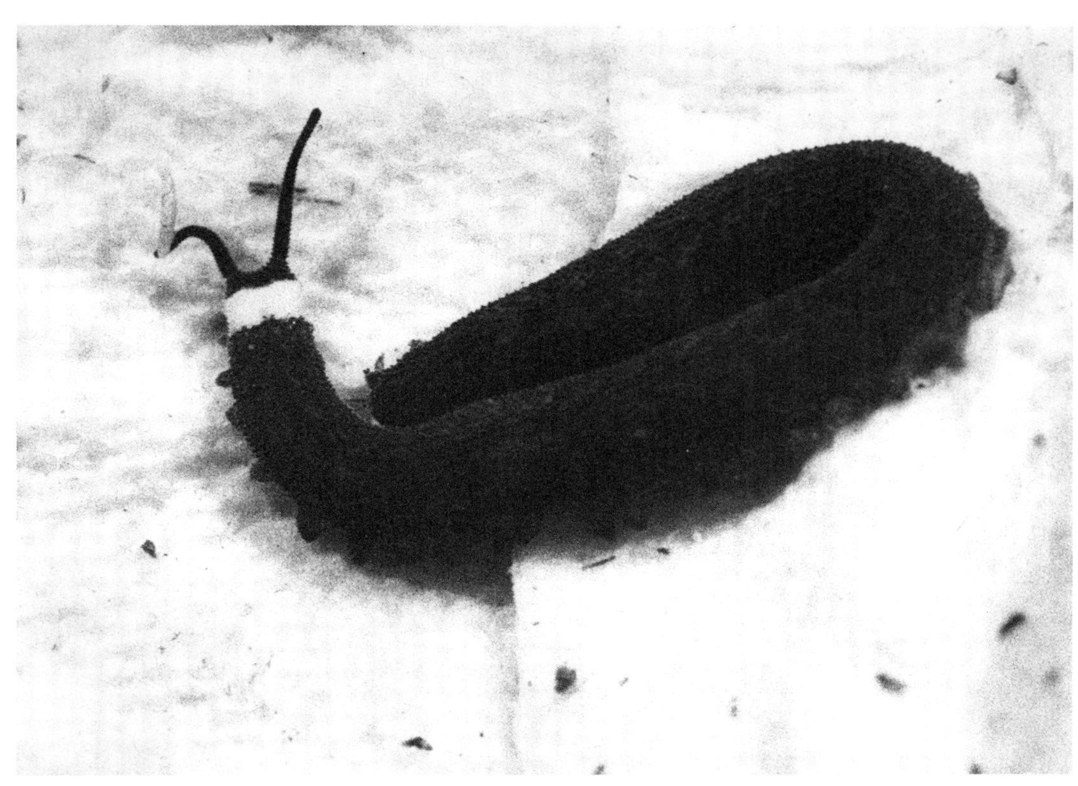

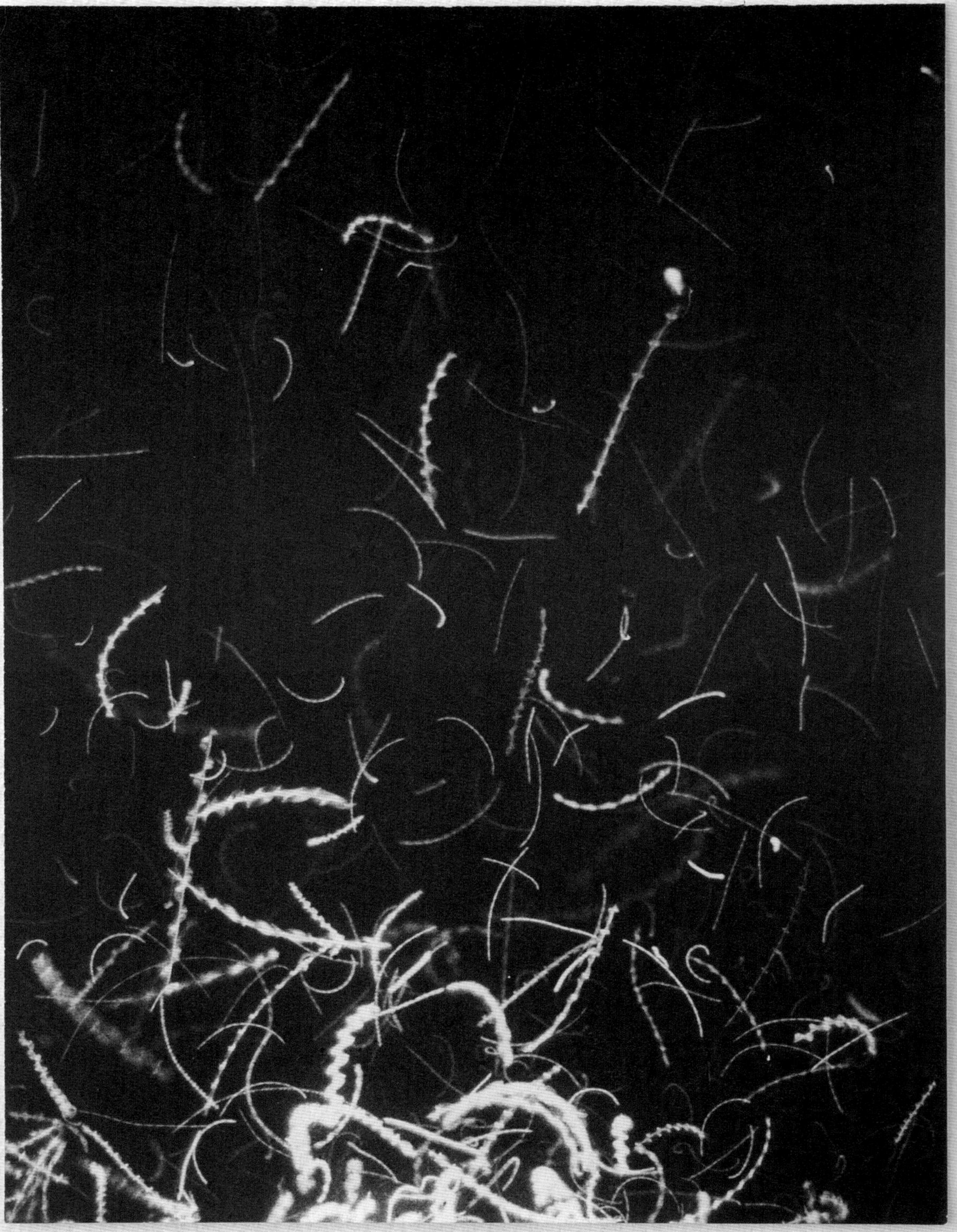

 Vézère-Hafte (Eintagsfliegen, 1 sek), 2005, Fotografie Baryt-Papier/photograph on Baryt paper, Courtesy Sabine Schmidt, Köln/Cologne

Jochen Lempert	1958 geboren / born in Moers; lebt und arbeitet / lives and works in Hamburg

Ausbildung / Education
1980–1988 Studium der Biologie / Studies of Biologie
1978–1989 Filme in der Gruppe Schmelzdahin

Einzelausstellungen (Auswahl) / Solo shows (selection)
2008 In der Sammlung Wilde, Sprengel Museum, Hannover
Seamens Art Club, Hamburg
2007 White Light, Whitelight, Düsseldorf
LimArt, Tokio
6CO2+12H2O=C6H12O6+6H2O+O2, mit / with Jürgen Stollhans
Kunstverein Ulm
Cis-Trans, ProjecteSD, Barcelona
2006 Anschütz, Galerie Sabine Schmidt, Köln / Cologne
Evidence as to man's place in nature, Galerie Reinhard
Hauff, Stuttgart
Edwin-Scharff-Preis 2005, Haus der Photographie,
Deichtorhallen, Hamburg
2005 Ko-Evolution, Museum für Gegenwartskunst, Siegen
nues, swarms, Schwärme, Café au Lit, Paris
Phänotypologie, Galerie Reinhard Hauff, Stuttgart
(mit Peter Piller)
Foreign Birds, Galerie Nomadenoase, Golden Pudel Club Hamburg;
Fortescue Avenue/Jonathan Viner, London
2004 Martha, Sabine Schmidt Galerie, Köln / Cologne
Fisionomics, ProjecteSD, Barcelona

Gruppenausstellungen (Auswahl) / Group shows (selection)
2008 Paradies und zurück – Sammlung Rheingold, Stiftung
Schloss Dyck, Jüchen, Galerie Thomas Flor, Düsseldorf
strip – Bilder in Folge, Kunstmuseum Stuttgart
Crop Rotation, Marianne Boesky Gallery, New York
2007 What does the jellyfish want?, Museum Ludwig, Köln / Cologne
Forschen und Erfinden, Fotomuseum Winterthur
Fish and Ships, Kunsthaus Hamburg
2006 Frank Hesse, Jochen Lempert, Leonid Sokhansky, Galerie
Thomas Flor, Düsseldorf
2005 Memoria y Tiempo, Fundaccion Foto Colectania, Barcelona
Das fotografierte Tier, Museum Folkwang Essen
2004 RECHERCHE – ENTDECKT! 6. Internationale Foto-Triennale,
Villa Merkel, Galerie der Stadt Esslingen
kurzdavordanach, Photographische Sammlung /
SK Stiftung Kultur, Köln / Cologne

Ariane Michel

Ihre Filme und Videos dokumentieren Tiere in ihrer Reaktion auf menschliche Eingriffe in ihren Lebensraum. Dafür setzt die Filmemacherin auch domestizierte Tiere ein, wie in „Les Yeux Ronds" (2006): Eine auf einem Baum sitzende Eule beobachtet an einer stark befahrenen Kreuzung im nächtlichen Paris den Verkehr. In Hildesheim zeigt Michel ihr Video „Sur La Terre", das sie als Begleiterin einer Forschergruppe 2005 in Grönland gedreht hat. Der 13-minütige Video bebildert den leichten Schlaf mehrerer Walrösser, die sich auch durch ein im Hintergrund bedrohlich herannahendes Forschungsschiff kaum stören lassen. Der Film weckt Erinnerungen an Andy Warhols 16mm-Film „Sleep", der über die Dauer von knapp sechs Stunden den nächtlichen Schlaf eines Mannes dokumentiert. Bei Michel ist die gefilmte Zeit kürzer und es ist heller Tag — dennoch scheinen die trägen Tiere seit Urzeiten dort zu liegen und mit den sie umgebenden Felsen zu verschmelzen. Die Ausstellungsthemen Tier, Zeit und Evolutionsgeschichte gelangen zu einer seltenen Symbiose.

Her films and videos document animals in their reactions to human interventions in their living environment. To do this, the filmmaker also makes use of domesticated animals, as in "Les Yeux Ronds" (2006) for example: an owl sitting in a tree at a busy intersection observing the traffic in nighttime Paris. In Hildesheim, Michel shows her video "Sur La Terre" which she made accompanying a group of researchers to Greenland in 2005. The 13-minute video illustrates the light sleep of numerous walruses who do not even allow themselves to be disturbed by the research ship ominously approaching in the background. The film awakens recollections of Andy Warhol's 16mm film that documents a man sleeping at night for just under six hours. The duration of the filmed time is shorter in Michel's film, and it is also broad daylight. But the lazy animals nevertheless seem to have been laying there from time immemorial and merged with the surrounding rocks. The exhibition themes animal, time, and the history of evolution attain a rare symbiosis.

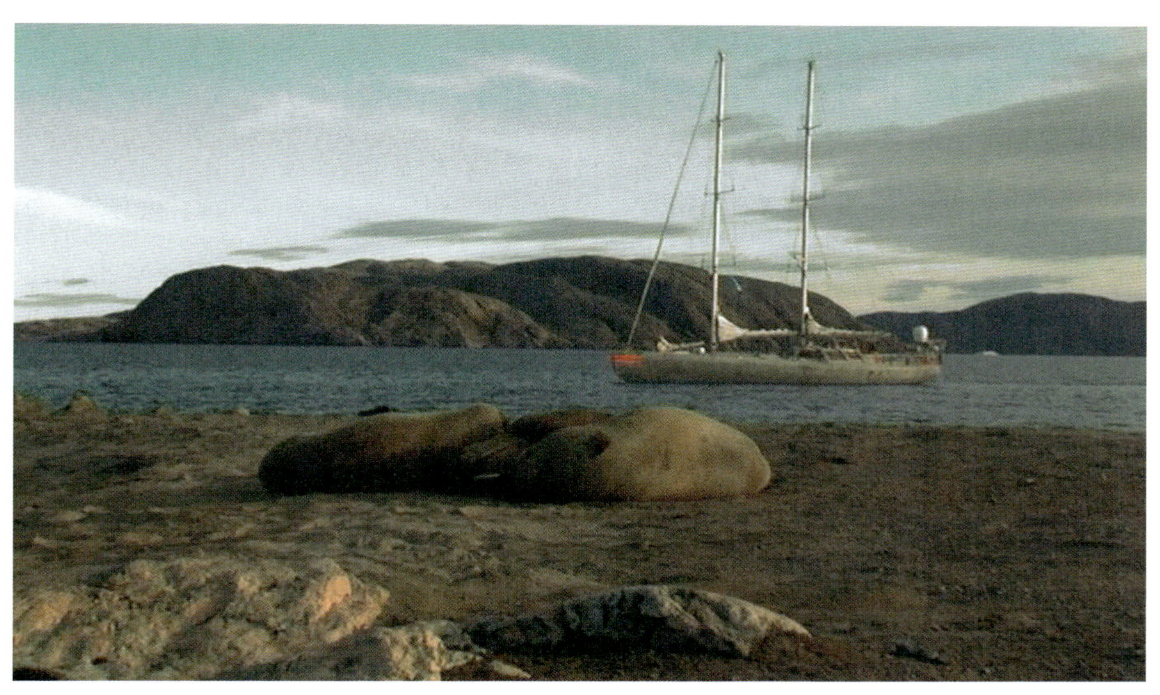

Sur la Terre, 2005
Video, 13 min
Courtesy Jousse Entrepris, Paris

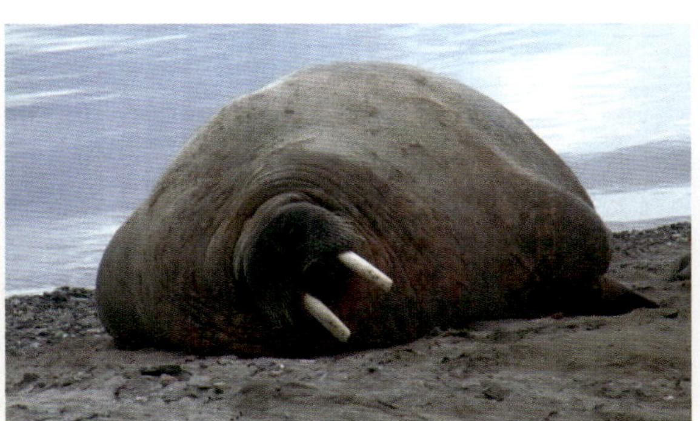 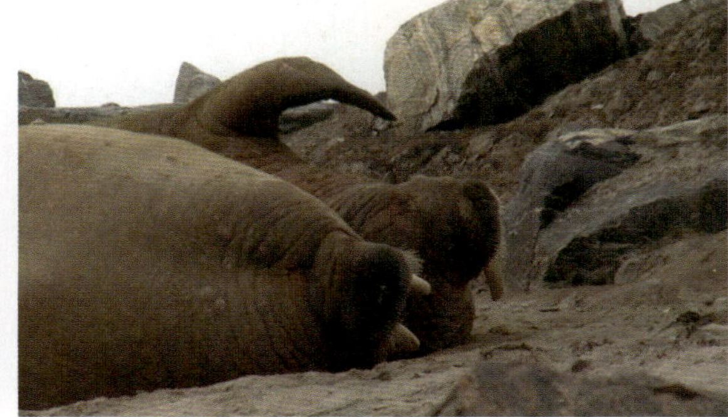

Sur la Terre, 2005
Video, 13 min
Courtesy Jousse Entrepris, Paris

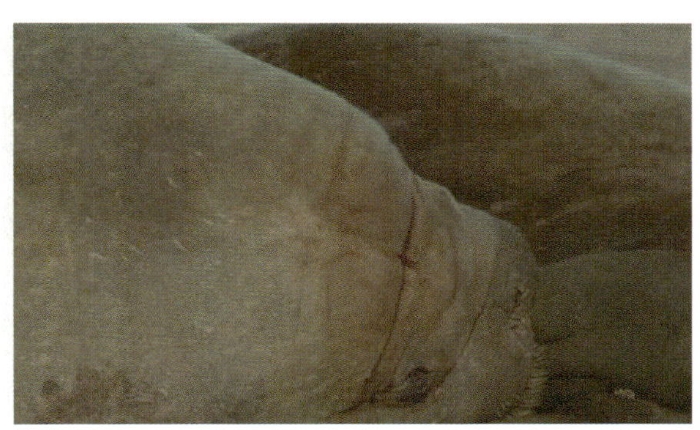 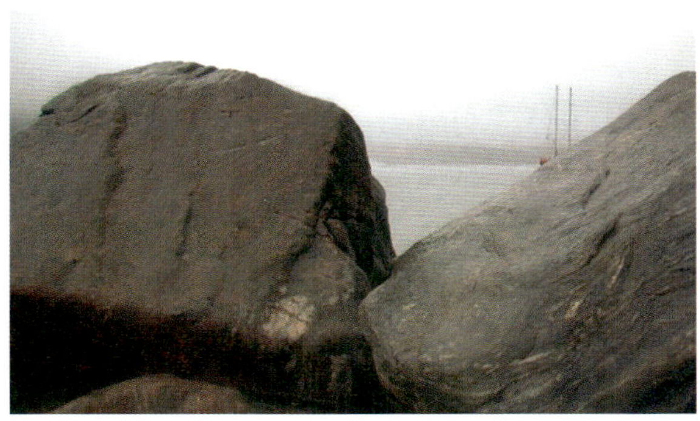

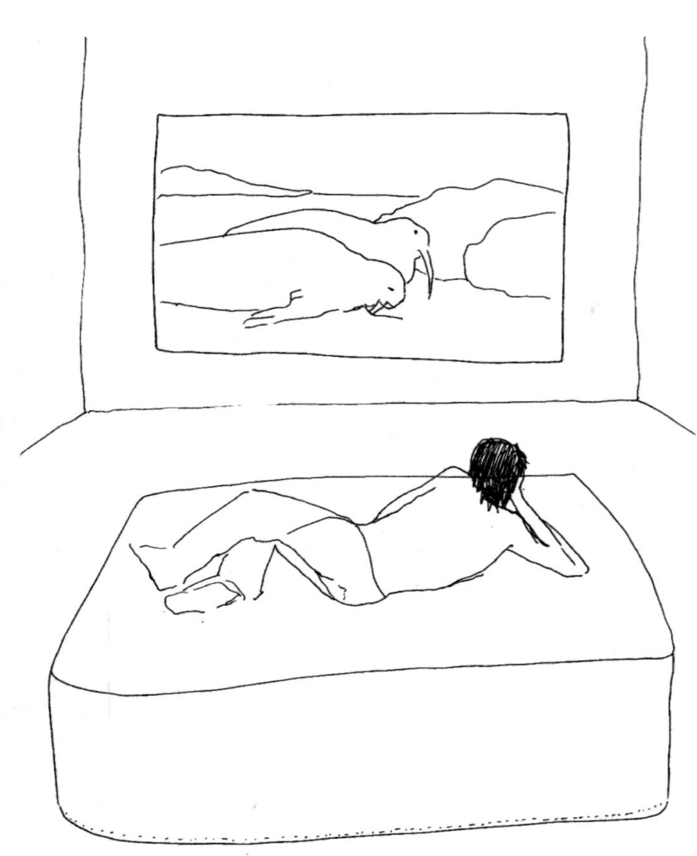

Skizze für die Installation
des Videos „Sur La Terre"
sketch for the installation
of the video "Sur la terre"

Ariane Michel   1973 geboren / born in Paris; lebt und arbeitet / lives and
                       works in Paris

                       Ausbildung / Education
                       École Nationale Supérieure des Arts Décoratifs (Paris)

                       Einzelausstellungen (Auswahl) / Solo shows (selection)
                       2008 The Screening, Agnes b. Gallery, Hong Kong
                       2007 The Screening, Art Statement Art Basel 38, Basel
                       Ariane Michel, ERBA Valence
                       2006 Amongst us, Atelier du Jeu de Paume, Paris
                       2005 Sur la terre, Galerie Où, Marseille
                       2004 Rêve de cheval, Espace Croisé, centre d'art contempo-
                       rain, Roubaix
                       D'ICI-LA, Miss China Beauty-Room, Paris

                       Gruppenausstellungen (Auswahl) / Group shows (selection)
                       2007 L'Atelier du Jeu de Paume: a new generation of artists,
                       d'Art Bernard Anthonioz, Nogent sur marne
                       Drôles de bêtes!, Salle Bérégovoy, Guyancourt, Yvelines
                       2006 L'usage du monde. French / Croatian Video artists,
                       Rijeka
                       Pelouses autorisées. La Villette Park / Le Plateau FRAC, Île
                       de France, Paris
                       2005 The Moving Image Biennale, Selection by E. Bullot,
                       Geneva
                       Voix off / Voice over, Sète Contemporary Art Center,
                       Poesia in forma di rosa: tribute to Pasolini, Gallery of
                       Contemporary Art, Monfalcone
                       Jeunisme 2, FRAC Champagne-Ardenne, Reims
                       2004 Je m'installe aux abattoirs, agnès b.'s contemporary
                       art collection,
                       Musée des Abattoirs, Toulouse
                       2003 Prix Jaune Tonique, Espace Paul Ricard, Paris
                       Free Style, Espace Croisé, centre d'art contemporain,
                       Roubaix
                       2001 Drive-in, exposition collective „off" the Lyon
                       Biennale, Lyon
                       1998 AR, Galerie des Beaux Arts, Paris

Helen Mirra

Mit minimalistischer Geste kombiniert die Künstlerin einfache Materialien zu formal strengen Objekten. Dabei interessiert sie nicht der Gegensatz zwischen Natur und Kultur. Ihre Arbeiten sind nicht wertend und machen aufmerksam auf Gemeinsamkeiten und Unterschiede in zeitlicher, materieller und räumlicher Dimension. In Hildesheim zeigt Mirra alpine Pflanzen mit ihren Wurzeln, die sie während eines dreimonatigen Aufenthalts in Norwegen bei Wanderungen nördlich des Polarkreises gesammelt hat. Gerahmt und hinter Glas werden sie paarweise an ihren Stengeln und Wurzeln miteinander verbunden. In Anlehnung an wissenschaftliche wie amateurhafte Verfahren hat sie die Pflanzen gepresst, korrekt identifiziert und anschließend mit ihren lateinischen Namen gekennzeichnet. In ihrer Genauigkeit und Akribie wirken sie wie maßstabsgetreue Zeichnungen. Diese Vorgehensweise schließt die Nachbarschaft zur wissenschaftlichen Archivierung ebenso mit ein wie die persönliche Hingabe an die Sache.

The artist combines simple materials to shape formally strict objects with minimalist gestures. But in doing so, she is not only interested in the contrast between nature and culture. Her works are not judgmental and call attention to similarities and differences in a temporal, material, and spatial dimension. In Hildesheim Mirra shows alpine plants with their roots that she collected on hikes north of the Polar Circle during a three-month stay in Norway. Framed and behind glass, they join stalks and roots together by pairs. In the style of scientific as well as amateur-like procedures, she pressed the correctly identified plants that were afterwards designated with their Latin names. In their exactness and meticulousness, they seem like to-scale drawings. This method includes the proximity to scientific archiving as well as the personal devotion to the matter.

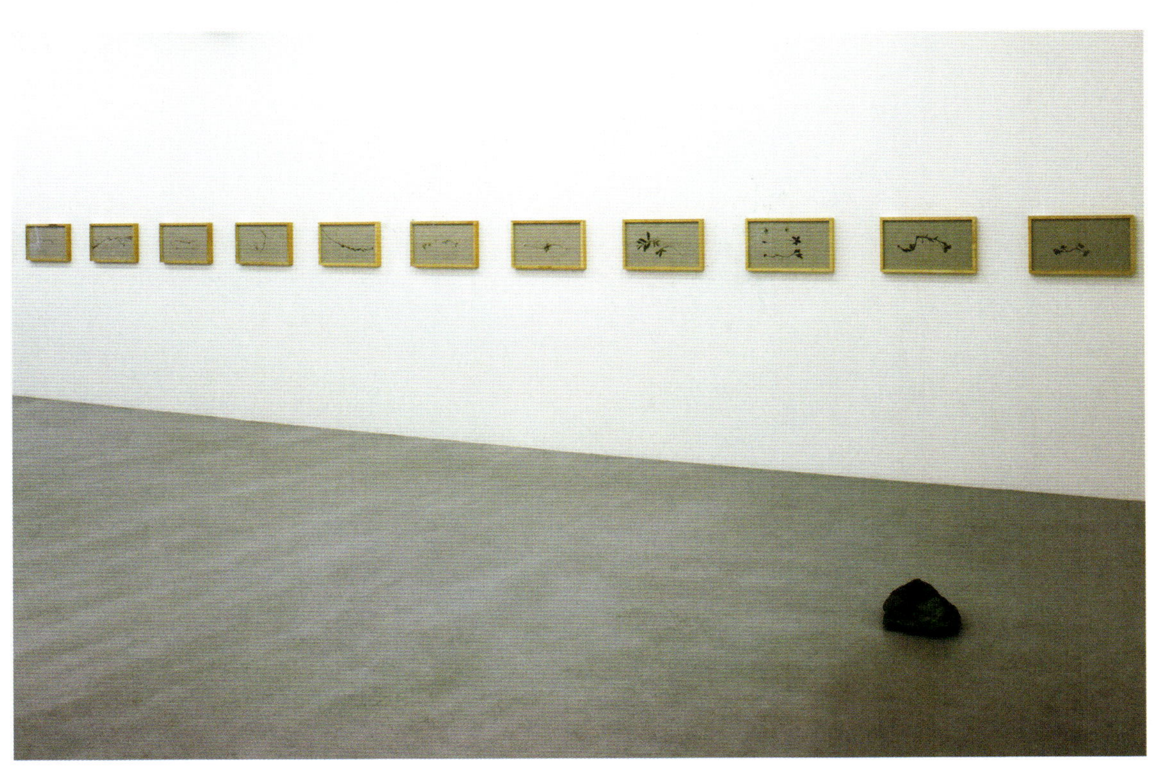

Herbarium constituents, 1–16, 2007
Ausstellungsansicht
installation view
Galerie Nordenhake, Berlin

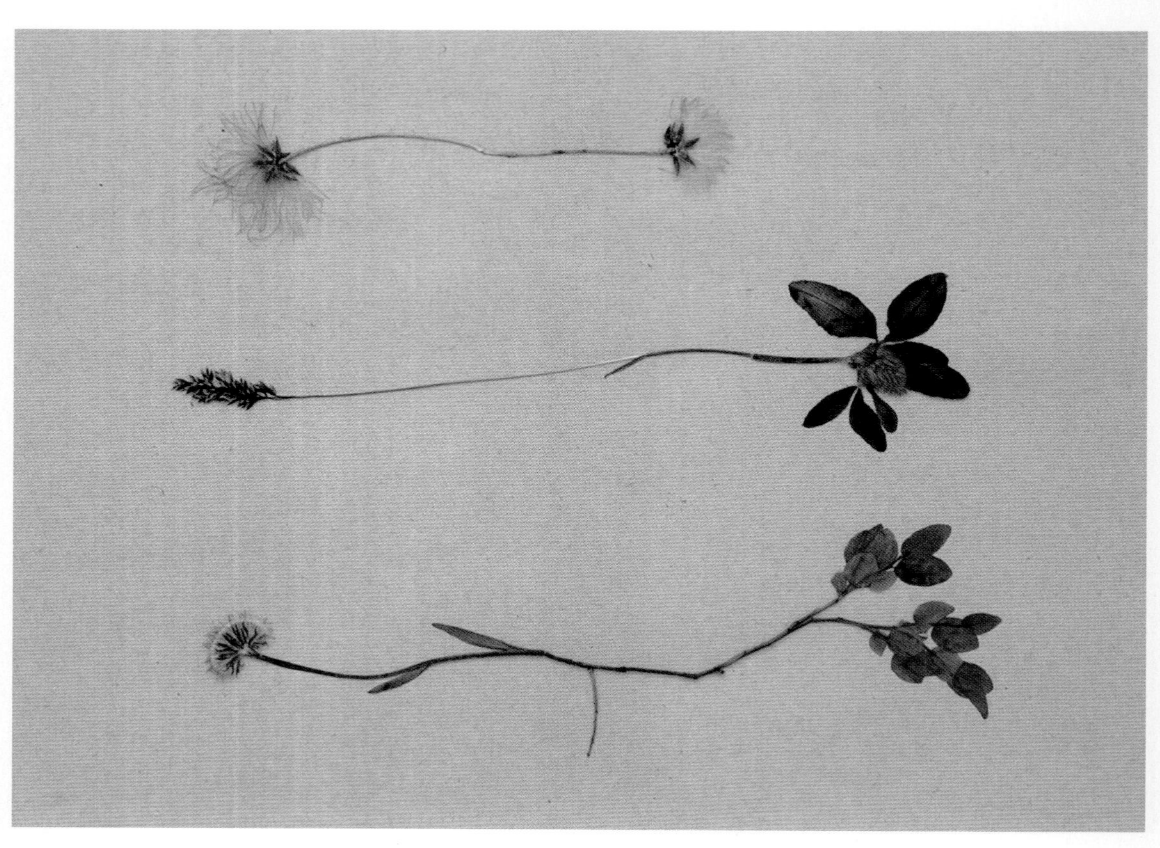

Dryas octopetala & Dryas octopetala, Poa flexuosa & Trifolium pratense
(Erigeron uniflorus & Vaccinium myrtillus), 2007
gepresste Pflanzen/pressed vascular plants
29,5 x 48,5 x 4,2 cm
Courtesy die Künstlerin/the artist und/and Galerie Nordenhake, Berlin

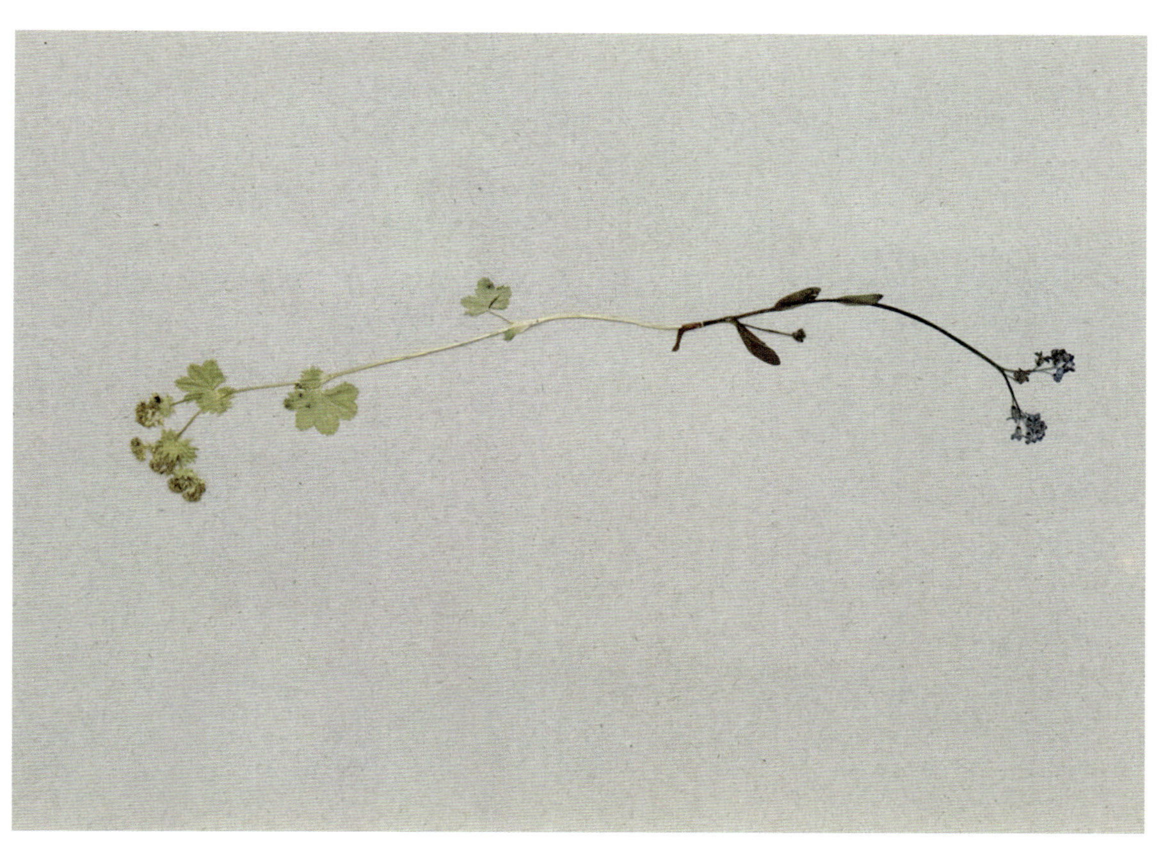

Draba incana & Myosotis sylvatica
(graues Felsenblümchen & Wald-Vergißmeinnicht), 2007
gepresste Pflanzen/pressed vascular plants
29,5 x 48,5 x 4,2 cm
Courtesy die Künstlerin/the artist und/and Galerie Nordenhake, Berlin

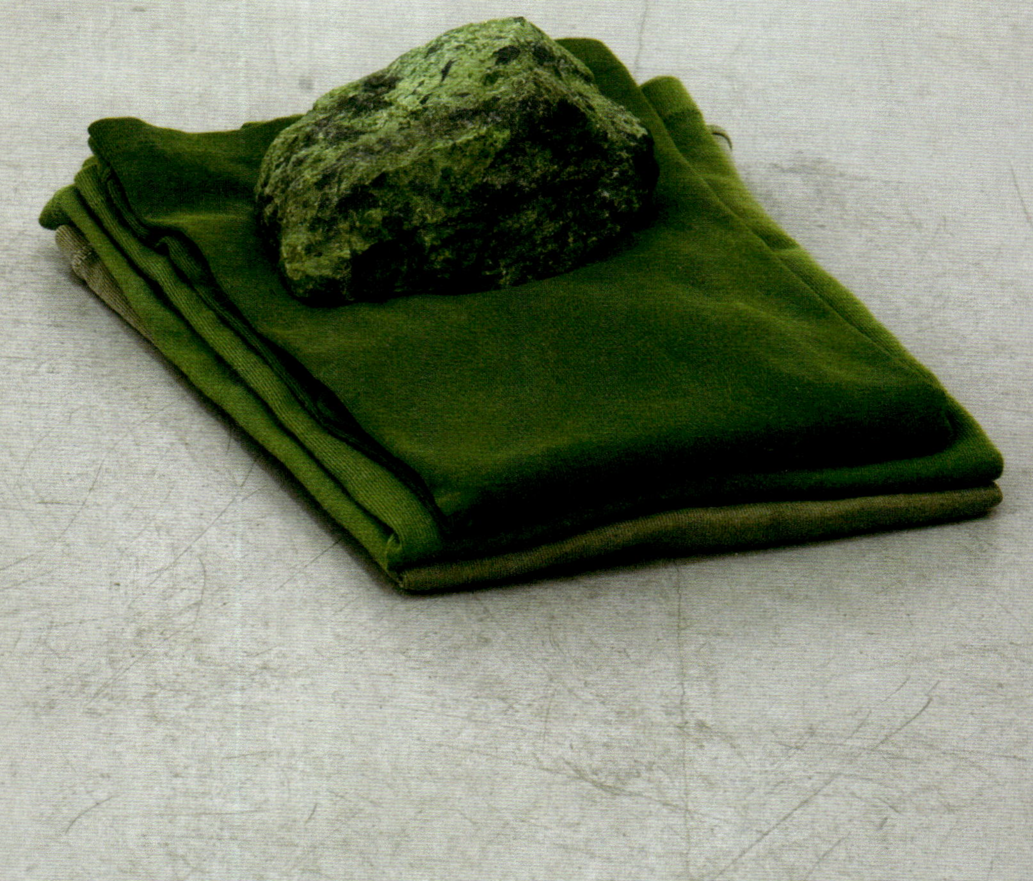

Metamorphosed, 2007
T-Shirts, Serpentinit mit Hämatit
mit Kaseinfarbe bemalt
t-shirts, serpentinite rock with hematite
casein-painted magnesite and chlorite
10 x 23 x 30 cm
Courtesy die Künstlerin/the artist und
Galerie Nordenhake, Berlin

| Helen Mirra | 1970 geboren / born in Rochester, NY; lebt und arbeitet/ lives and works in Cambridge, Mass. |

Ausbildung / Education
M.F.A. in Studio Art, University of Illinois at Chicago
B.A. in Studio Art and Contemporary Art History,
Bennington College, Vermont

Einzelausstellungen (Auswahl) / Solo shows (selection)
2006–2009 Instance the Determination, public project,
University of Chicago
2008 Quarry, Galerie Nordenhake, Stockholm
2007 Groteske Gegend, Alte Fabrik (Gebert Stiftung für
Kultur), Rapperswil
Waldau, Meyer Riegger Galerie, Karlsruhe
2006 Break camp, Peter Freeman, New York
Cloud, the, 3, DAAD Galerie, Berlin
2005 Laws of clash, 247, Donald Young Gallery, Chicago 2004
Sudden and creeping violence, Dallas Museum of Art:
Concentrations 45
2003 65 instants, Matrix: UC Berkeley Art Museum
Stephen Friedman Gallery, London
2002 Declining Interval Lands, Whitney Museum of
American Art: Contemporary Series, New York
2001 Sky-wreck, The Renaissance Society, Chicago
2000 beforsten, Meyer Riegger Galerie, Karlsruhe
Latitude Lines and Railroad Ties, Gasser & Grunert, New York

Gruppenausstellungen (Auswahl) / Group shows (selection)
2007 Marta schweigt. Garde le silence, le silence te gardera,
MARTa Herford
Dump, National Museum of Art, Architecture and Design, Oslo
2005 Tropical Abstraction, Stedelijk Museum Bureau, Amsterdam
2004 Formalismus. Moderne Kunst, heute. Kunstverein Hamburg
Fine Words Butter No Cabbage, Hyde Park Art Center, Chicago
2003 Delays and Revolutions, 50th Venice Biennale
Land, Land mit / with Rivane Neunschwander and Katya Strunz,
Kunsthalle Basel
2001 Tirana Biennial 1
Fresh, New Museum, New York
untitled 654321, Kunsthallen Brandts Klædefabrik, Odense

Jürgen
Stollhans
& Federico
Geller

Für die Hildesheimer Ausstellung haben Jürgen Stollhans und Federico Geller die neue Arbeit „Sorry Ham!" produziert, die sich mit Fragen zur Evolution und der wissenschaftlichen Forschung mit und über Primaten auseinandersetzt. Dabei kombinieren sie fiktionale Elemente und Archivmaterial zu einer „fragmentarischen Dokumentation" aus Filmen, Comics und Fotografien. Ausgangspunkt ihrer Story bildet ein Gespräch mit einem mutierten Schimpansen namens „Ham" — dem ersten Schimpansen, der im Verlauf des Mercury-Programms 1961 ins Weltall flog. Auf den Affen sind sie auf einer Expedition im argentinischen Regenwald gestoßen. Zu ihrem größten Erstaunen konnte der Affe — als Folge einer einzigartigen Mutation oder eines „Unfalls" in seiner Entwicklung, oder beidem — sprechen. Das erste Mal in seinem Leben erklärte sich Ham bereit, an einem Interview teilzunehmen und von seinen Erfahrungen mit der Menschen-Spezies in wissenschaftlichen als auch künstlerischen Kreisen zu berichten. Stollhans und Geller konterkarieren damit auf humorvolle Art die Realitätsbehauptung, die der Naturwissenschaft in der Regel anhaftet, und destabilisieren damit den Blick auf diese: Der Affe konnte doch nicht wirklich sprechen. Oder etwa doch??

For the exhibition in Hildesheim, Jürgen Stollhans and Federico Geller have produced the new work "Sorry Ham!" which investigates issues concerning evolution and scientific research with and about primates. They combine fictitious elements and archival material into a "fragmentary documentation" consisting of films, comics and photographs. The point of departure for their story consists of a conversation with a mutant chimpanzee named "Ham" — the first chimpanzee to fly into space, during the course of the Mercury program in 1961. During an expedition in the Argentinian rainforest they encountered the monkey. To their great amazement, the monkey — as the result of a unique mutation or an "accident" in its development, or both — was able to speak. For the first time in his life, Ham declared himself ready to participate in an interview and, in both scientific and artistic circles, to give an account of his experiences with the human species. Stollhans and Geller thereby thwart in a humorous manner the assertions concerning reality which as a rule are connected to the natural sciences, and in this manner they destabilize the view of this version of reality: The monkey couldn't really speak — or could he?

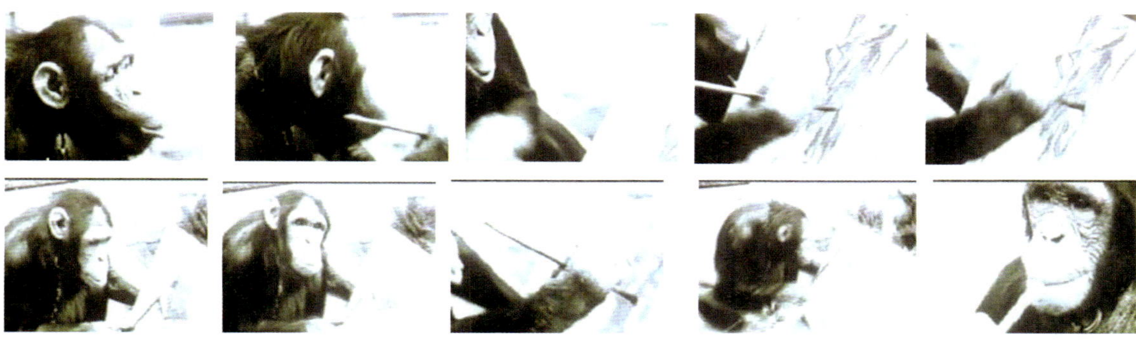

„Ich war überrascht, dass die Kunstwelt nicht so frei war wie ich erwartet hatte. Dort gab es eine Beschränkung der Bewegungsmöglichkeiten durch die besonderen Regeln bei der Verteilung der Mittel.

Von früher wusste ich, dass eine ähnliche Situation in der Welt der Wissenschaft besteht, aber auf andere Art: verschiedene Handlungen und Zeremonien waren notwendig für das Überleben und die Selbstvarolisation."

Ham, persönliches Gespräch, 2005, Pindoí-Insel (Bänder verloren)

I was surprised to see that art field was not such a free space as I had previously expected. There was a reduction of possibilities and movements, as result of specific rules of distribution of resources.

I knew from before that a similar situation existed in scientific institutions, but not exactly in the same way: different actions and ceremonies were necessary for survival and self-valoration."

Ham, personal communication, 2005 Pindoí Island (tapes lost)

KONNTEN DIE VOR-FAHREN SPRECHEN?

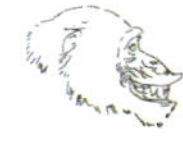
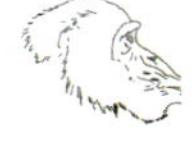
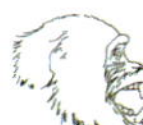
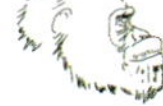

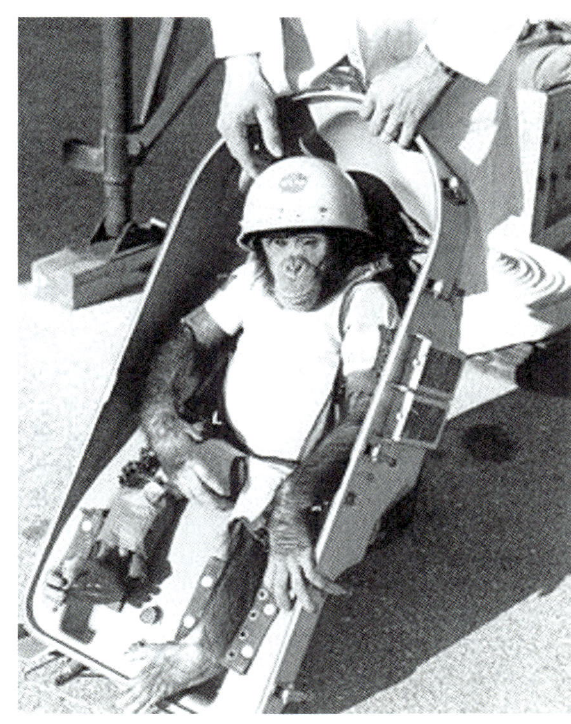

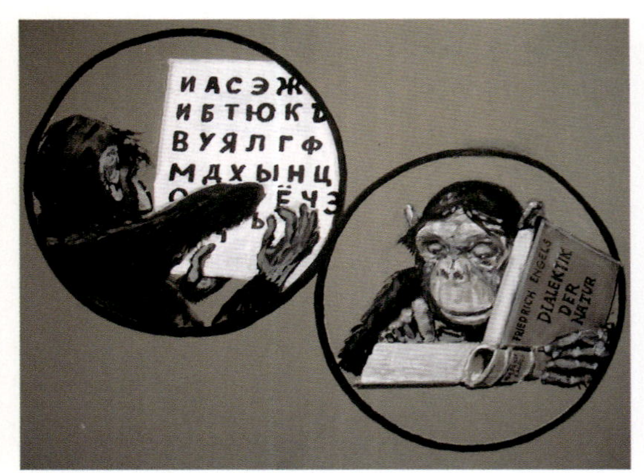
ИАСЭЖ
ИБТЮКЪ
ВУЯЛГФ
МДХЫНЦ
FRIEDRICH ENGELS
DIALEKTIK
DER
NATUR
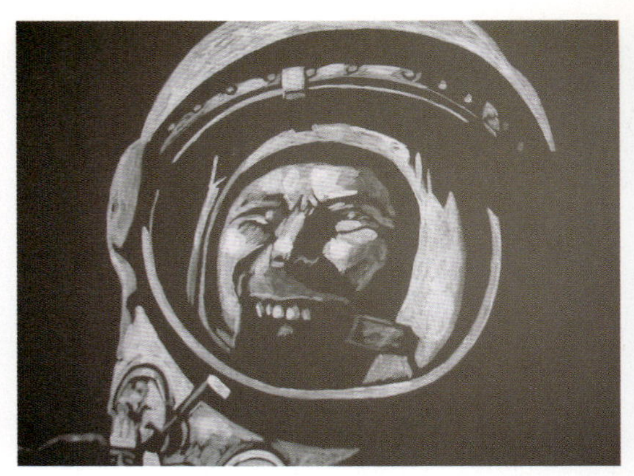

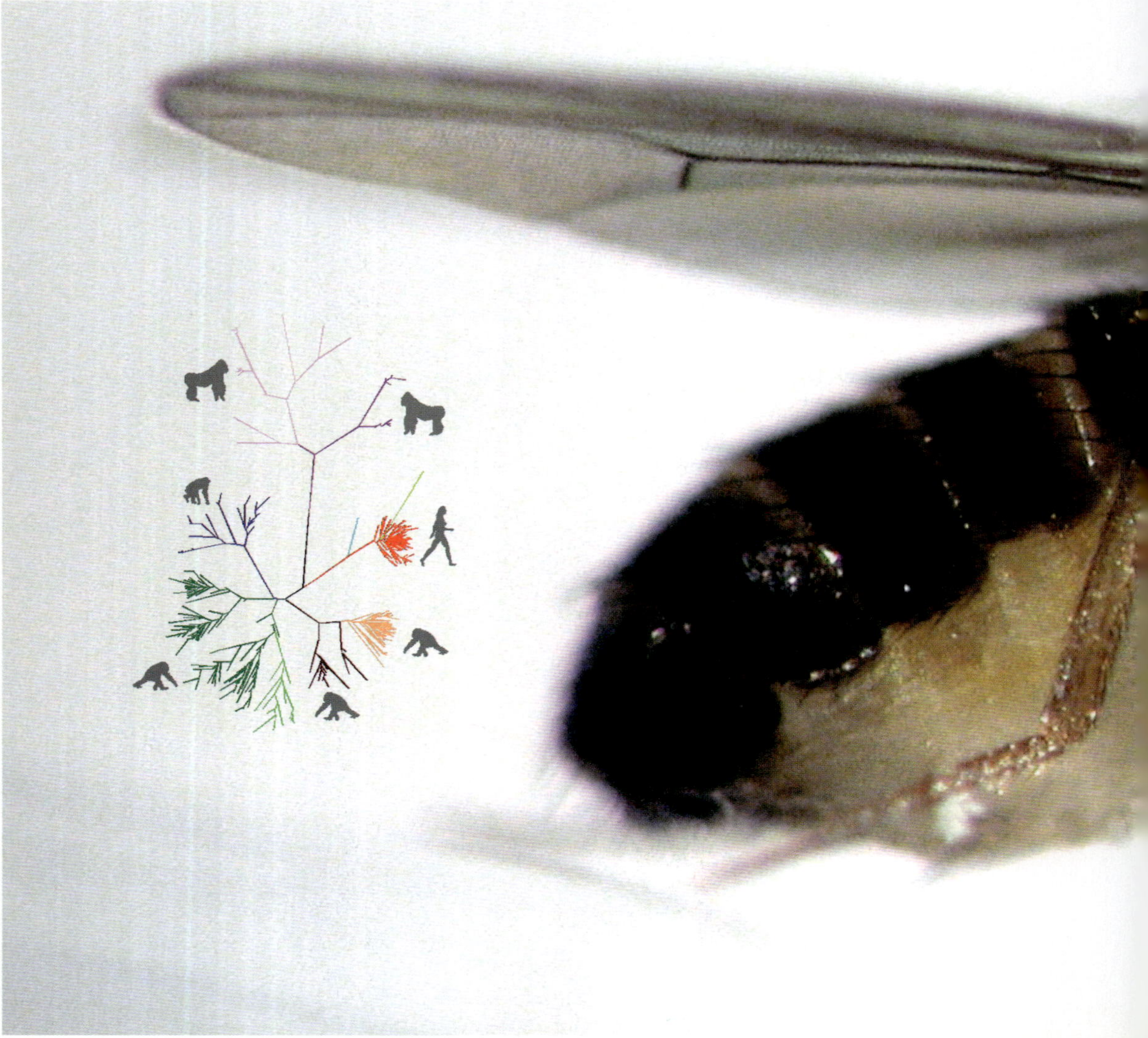

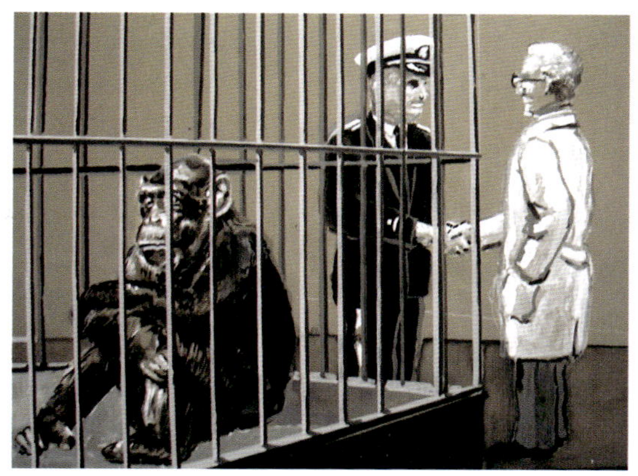 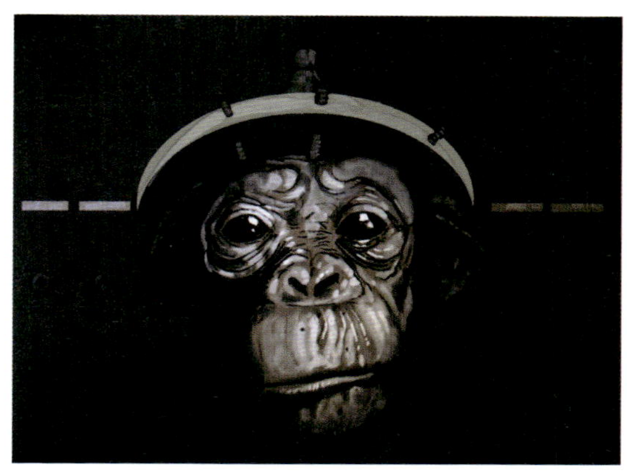

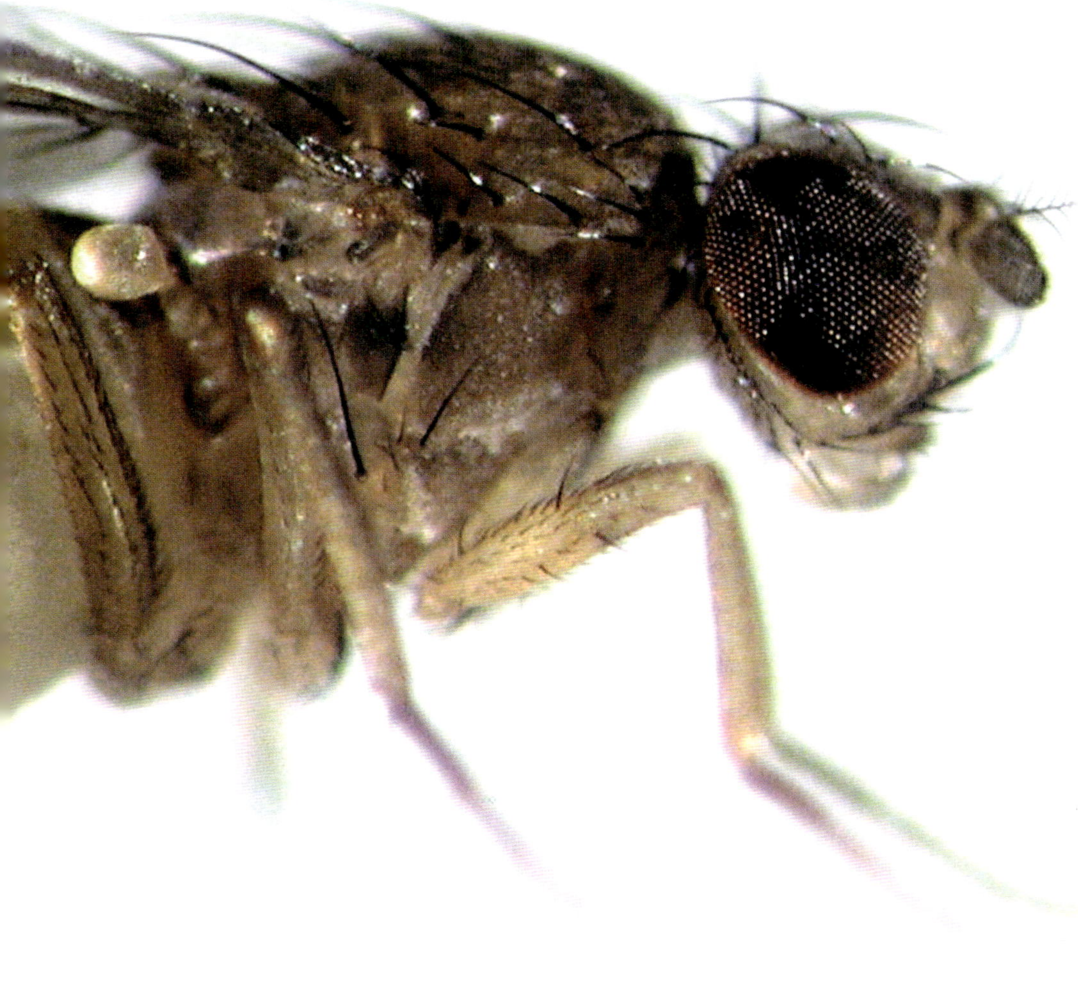

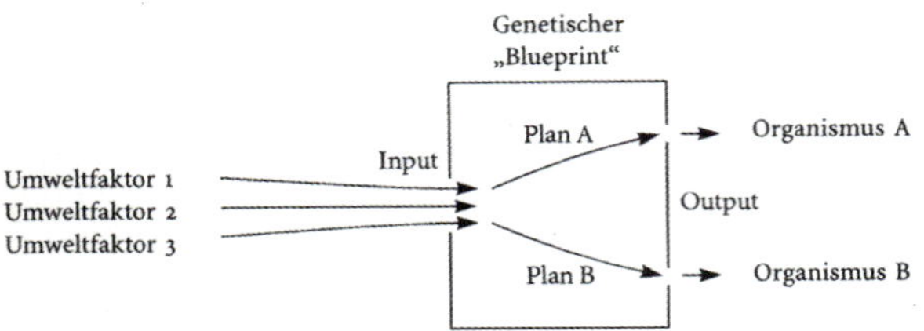

Abbildung 1.10a. Schematische Darstellung der Determiniertheit von Organismen durch ihre Gene.

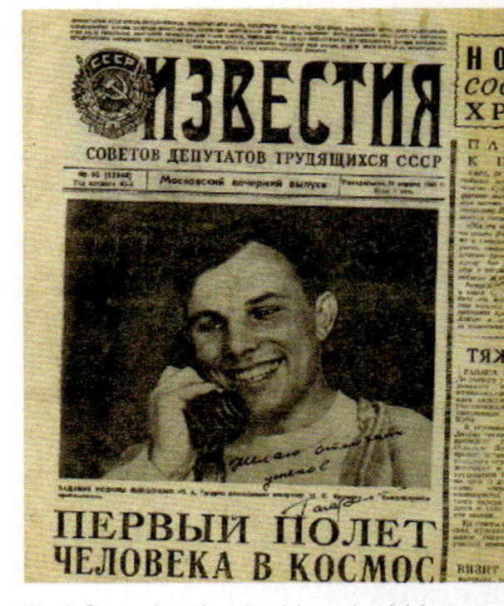

Yuri Gagarin: the 2nd hominoid in space.

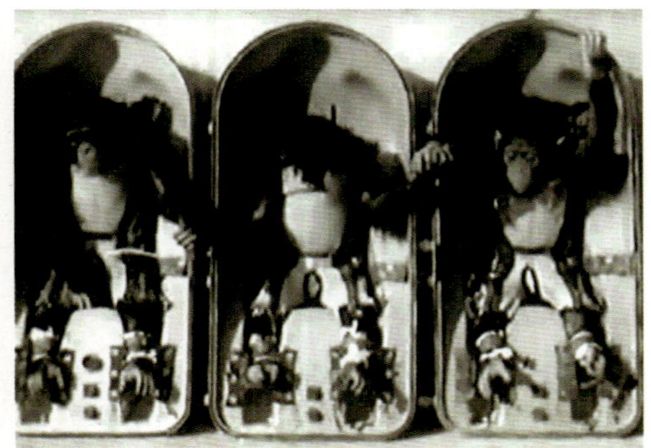

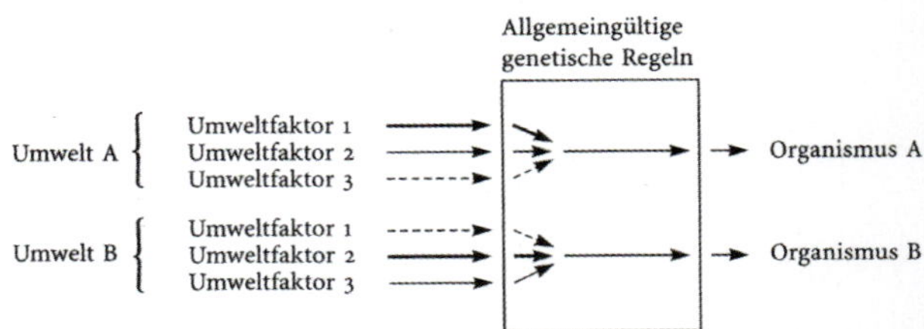

Abbildung 1.10b. Schematische Darstellung der Determiniertheit von Organismen durch die Umwelt.

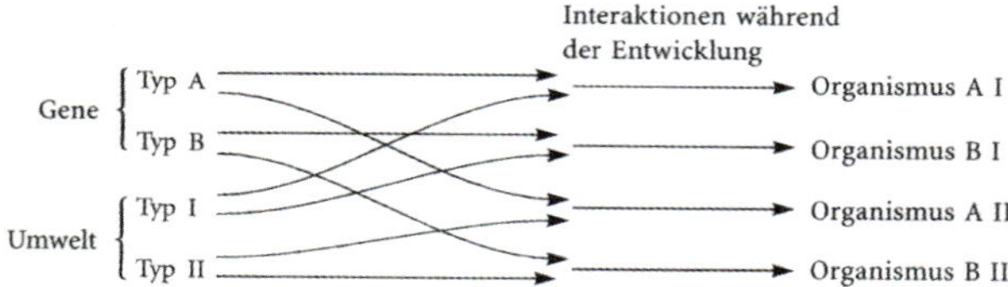

Abbildung 1.10c. Schematische Darstellung der Interaktionen zwischen Genen und Umwelt bei der Festlegung von Organismen.

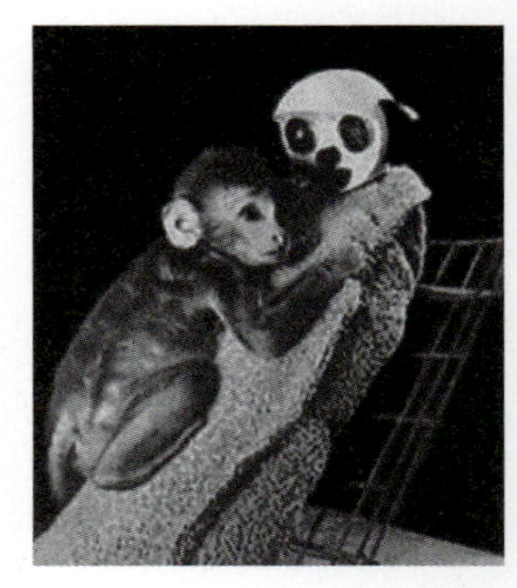

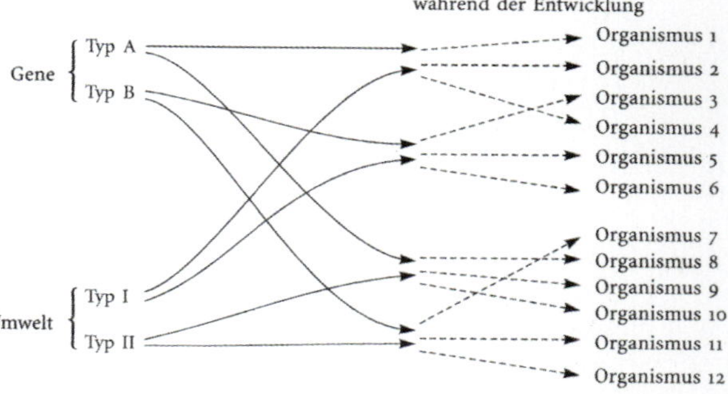

Abbildung 1.10d. Vollständiges Schema der Entwicklung von Organismen, welches sowohl die Interaktionen zwischen Genen und Umwelt als auch den zufälligen *developmental noise* berücksichtigt.

Jürgen
Stollhans
& Federico
Geller

Jürgen Stollhans
1962 geboren / born in Rheda/Westfalen; lebt und arbeitet/
lives and works in Köln / Cologne

Ausbildung / Education
1983–1986 Kunstakademie Münster
1986–1989 Kunstakademie Düsseldorf

Einzelausstellung / Solo show
2008 Wir schalten zurück nach Rheda-Wiedenbrück, Städtische
Galerie Nordhorn

Gruppenausstellungen (Auswahl)/ Group shows (selection)
2008 Vertrautes Terrain, ZKM Karlsruhe
2007 documenta 12, Kassel
2006 LA normalidad, Palais de Glace, Buenos Aires
2005 Die Regierung; Paradiesische Handlungsräume,
Wiener Secession, Wien / Vienna
2004 Ex Argentina, Museum Ludwig, Köln / Cologne
Figur & Ground, Miami Art Central Florida, Miami

Federico Geller
1969 geboren / born in Santa Fé, Argentinien
lebt und arbeitet / lives and works in Buenos Aires

Ausbildung / Education
1988–1995 Studium der Biologie / Studies of Biologie an / at
University Buenos Aires

seit / since 2004 Mitglied von / member of Abriendo Caminos /
La Comunitaria TV

Austellungen / Exhibitions (Auswahl / selection)
2007 HGO + El Eternauta, Biblioteca Nacional, Buenos Aires
2006 LA normalidad, Palais de Glace, Buenos Aires
2005 Kollektive Kreativität, Fridericianum, Kassel
Primeras Pisadas de los Homínidos, Darwinia, MACN,
Buenos Aires

Susan Turcot

Ihre Zeichnungen und Installationen sind der Versuch, geologische wie ökologische, historische wie anthropologische Forschungen mit eigenen Beobachtungen und Projektionen zu verknüpfen. So entstand etwa die Arbeit „Acre: An Amazonian stage" nach einem zweimonatigen Aufenthalt der Künstlerin im gleichnamigen brasilianischen Bundesstaat. Thema war die fortschreitende Zerstörung zweier großer verbliebener Urwälder und die Reaktionen und Überlebensstrategien der davon betroffenen indigenen Gemeinden. Ihre siebenteilige Serie „Faultline" spielt dagegen an einem fiktiven Ort mit fantastischen Versatzstücken aus Architektur und Landschaftsmalerei. Dabei bezeichnet der Titel „fault" im Englischen sowohl den Fehler, die Schuld als auch eine geologische Verwerfung. Ruinen, Berghänge und Höhlen liegen unter bedrohlich tiefen Wolken und evozieren apokalyptische Visionen. Es ist gleichsam eine mentale Landschaft, die sich im Prozess des Zeichnens selbst erfindet und von der Künstlerin systematisch auf Papier gebannt wird.

Her drawings and installations are an attempt to link geological as well as ecological, historical, and anthropological research with her own observations and projections. The piece "Acre: An Amazonian Stage" was thus made after the artist's two-months stay in the Brazilian state of the same name. The theme was the continuous destruction of two of the large remaining rainforests as well as the reactions and survival strategies of the affected indigenous populations. On the other hand, her seven-part "Faultline" series plays in a fictitious place with fantastic set pieces taken from architecture and landscape painting. The word "fault" in the title references fault in the sense of guilt as well as the geological fault. Ruins, mountainsides, and caves lie under threateningly low clouds and evoke apocalyptic visions. It is a mental landscape, as it were, that discovers itself during the drawing process and systematically captured by the artist on paper.

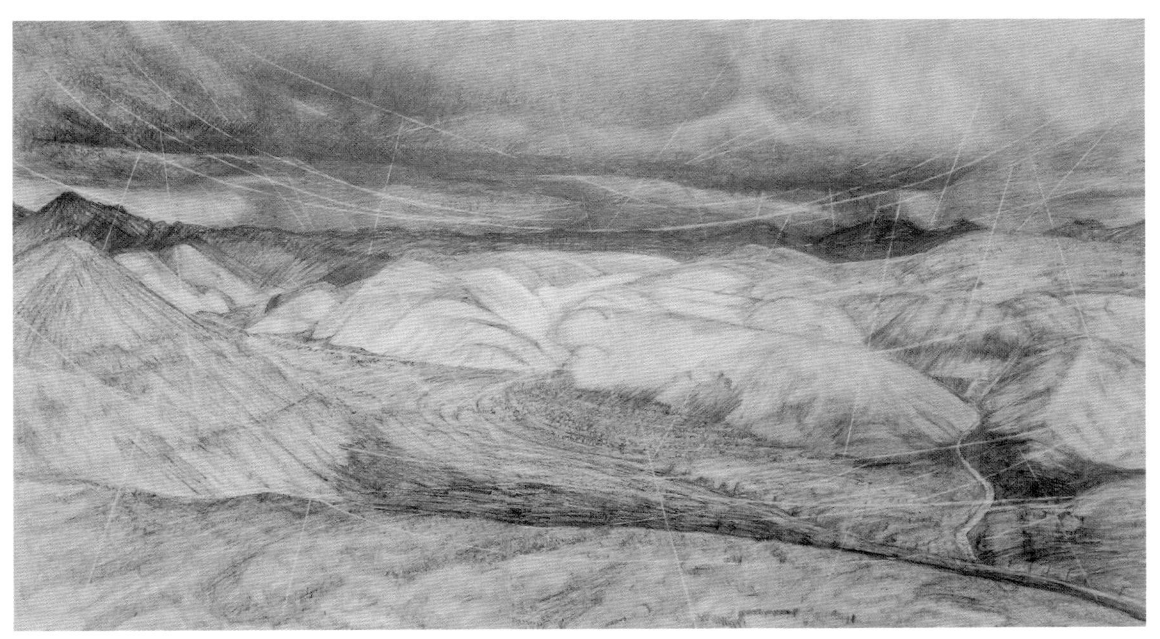

Faultline, 2007
Aus einer Serie von sieben Zeichnungen
from a series of seven drawings
Bleistift auf Papier/pencil on paper,
90 x 160 cm,
Courtesy Arndt & Partner, Berlin/Zürich

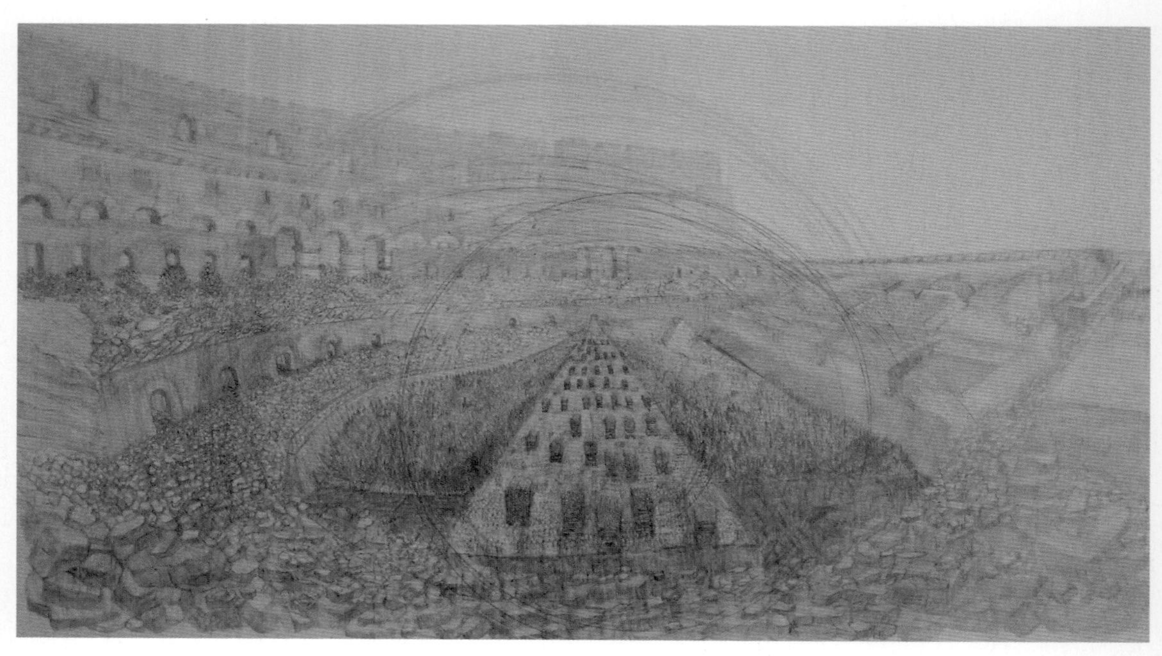

Faultline, 2007
Aus einer Serie von sieben Zeichnungen
from a series of seven drawings
Bleistift auf Papier/pencil on paper
90 x 160 cm
Courtesy Privatsammlung Kanada

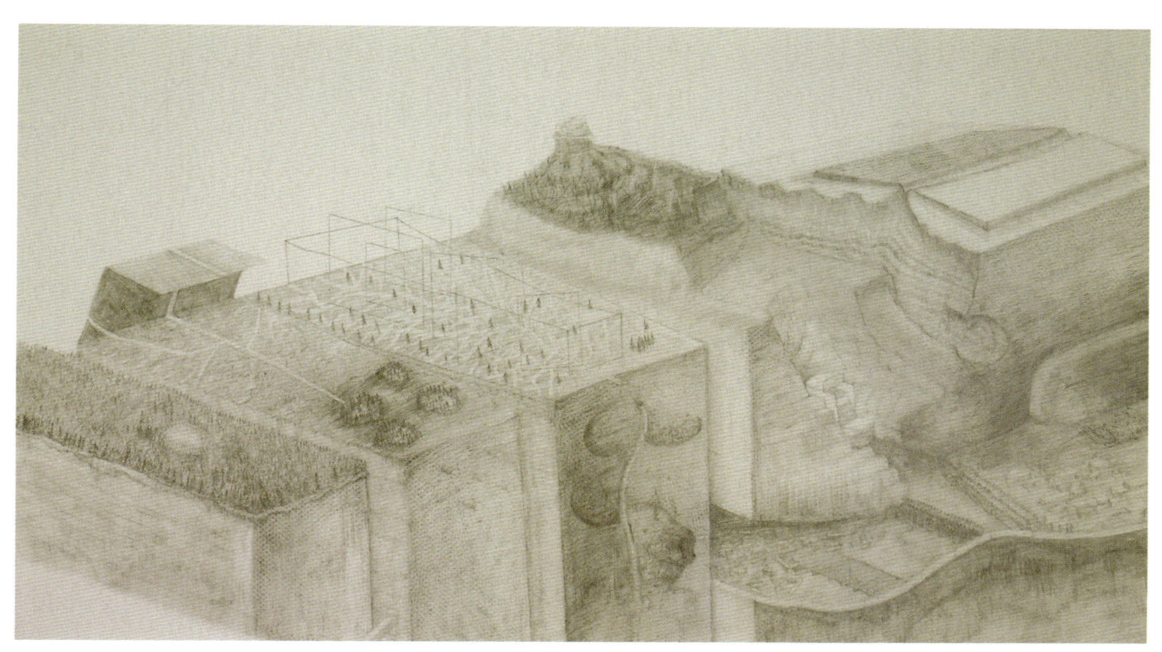

Faultline, 2007
Aus einer Serie von sieben Zeichnungen
from a series of seven drawings
Bleistift auf Papier/pencil on paper
90 x 160 cm
Courtesy Arndt & Partner, Berlin/Zürich

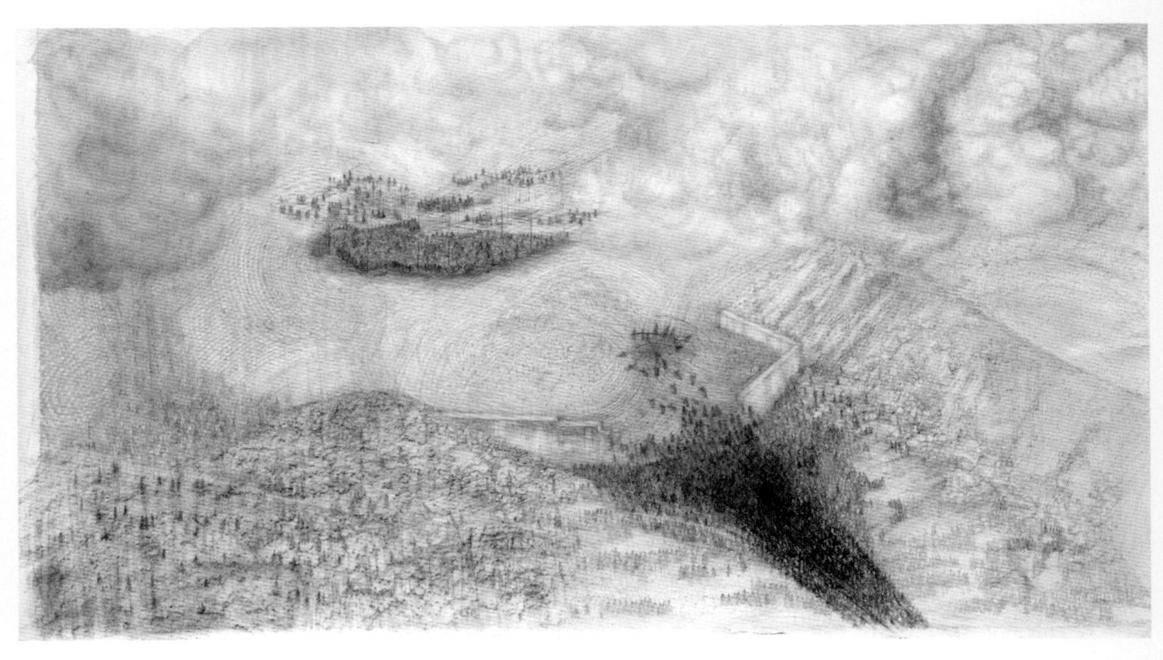

Faultline, 2007
Aus einer Serie von sieben Zeichnungen
from a series of seven drawings
Bleistift auf Papier/pencil on paper,
90 x 160 cm,
Courtesy Arndt & Partner, Berlin/Zürich

Susan Turcot

1966 geboren / born in Montréal; lebt und arbeitet /
lives and works in London

Ausbildung / Education
1986–1991 B.A. visual arts/philosophy, Middlesex University,
London
2000–1902 Postgraduate research grant, Jan van Eyck Academie,
Maastricht

Einzelausstellungen (Auswahl) / Solo shows (selection)
2008 Drawings and Digital Animations, Illingworth Kerr Gallery Calgary – ACAD, Calgary
2007 Luisa Strina Gallery, Sao Paulo
Ursula Walbröl, Düsseldorf
2005 Roesler Hotel, Susan Turcot, drawings, Galeria Nara Roesler,
Sao Paulo
2004 Self Service, Ursula Walbröl, Düsseldorf
2003 Landing, Southern Alberta Art Gallery, Lethbridge,
Alberta, mit / with Roger Turner
2000 Lady Love. User Community, Arndt & Partner, Berlin
Mountain #1, Gallery Helga de Alvear, Madrid
Drawings, Ausstellungsraum Hübner, Frankfurt

Gruppenausstellungen (Auswahl) / Group shows (selection)
2008 Drawing Now – Drawing Then / Junge Meister – Altmeister,
Arndt & Partner Zürich
2007 Ad Absurdum – Energies of the absurd from modernity to
contemporary art, MARTa Herford, Museum of contemporary art
and design, Herford
La Biennale de Montréal
Annex, Elizabeth Dee Gallery, New York
2006 Biennale São Paulo
2005 Museum Exhibition / Farsites: Urban crisis and domestic
symptoms in recent contemporary art, organized by the San
Diego Museum of Art, the Centro Cultural de Tijuana and inSite_05
Tauchfahrten, Drawing as Reportage, Kunsthalle in Düsseldorf
2004 Tauchfahrten, Kunstverein Hannover
In Erster Linie ..., Kunsthalle Fridericianum, Kassel
Paperworks – Äste der Imagination, Künstlerhaus Stuttgart
2003 Hurts so good, Contemporary Arts Centre, Vilnius
Silent Screams Difficult Dreams, Arndt & Partner, Berlin
2002 Titel folgt, Neuer Aachener Kunstverein, Aachen

Lois & Franziska
Weinberger

Bereits im Frühsommer haben die Künstler im Außenraum vor dem Kunstverein Hildesheim ihre „mobilen Gärten" aufgestellt. In den mit Erde befüllten, bunten „Allerwelts-Polyester-Taschen" werden sich im Verlauf der Zeit Samen aus der Luft ansammeln und wie Unkraut unkontrolliert zu wuchern beginnen. In Weinbergers Arbeiten rücken Randständiges, Unzivilisiertes und Fremdes ins Zentrum. Die Künstler suchen weder die Idylle noch die Wildnis: Sie interessieren sich für Vegetations- und Kulturformen, die außerhalb unseres Ordnungs- und Kontrollsystems existieren. Dafür beziehen sie in ihrer Fotoinstallation „Home Voodoo I" (2005) auch den Menschen als Mittler zwischen Natur und Kultur mit ein. Auf humorvolle Weise beschwören sie in einer privaten Performance Natur- und Heilkräfte und verknüpfen fremde mit eigenen Traditionen. Sie orientieren sich an schamanistischen Ritualen und alpenländischem Aberglauben.

The artists already set up their "mobile gardens" in front of the Kunstverein Hildesheim in early summer. The colorful "all-purpose polyester bags" filled with earth will collect seeds from the air over time and start to proliferate uncontrolled like weeds. The marginal, the uncivilized, and the foreign come to the fore in the Weinbergers' works. The artists seek neither the idyll nor the wilderness: They are interested in forms of vegetation and culture existing beyond our systems of order and control. To do so, they also integrate humans as the intermediaries between nature and culture in their photo installation "Home Voodoo I" (2005). They humorously evoke natural and healing forces and link the foreign with their own traditions in a private performance. They orient themselves on shamanist rituals and alpine superstitions.

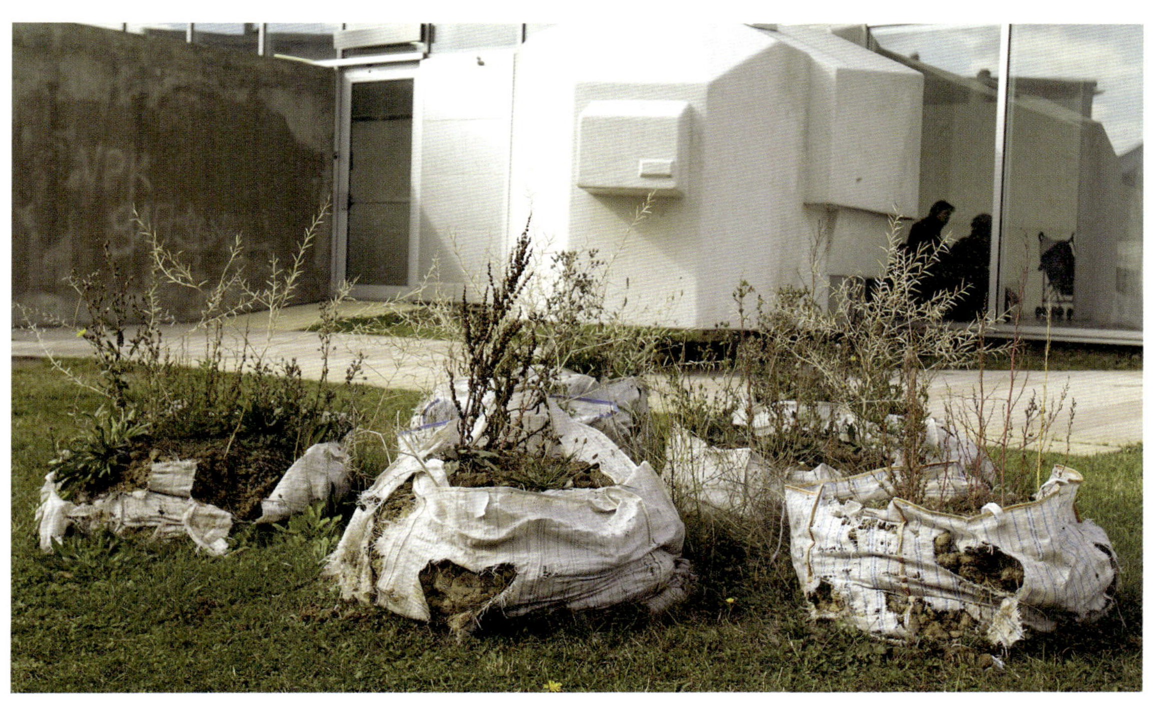

Mobile Gärten, 2005
mobile gardens

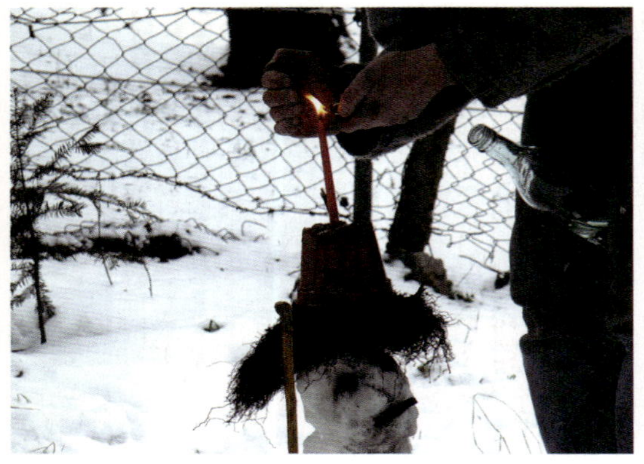
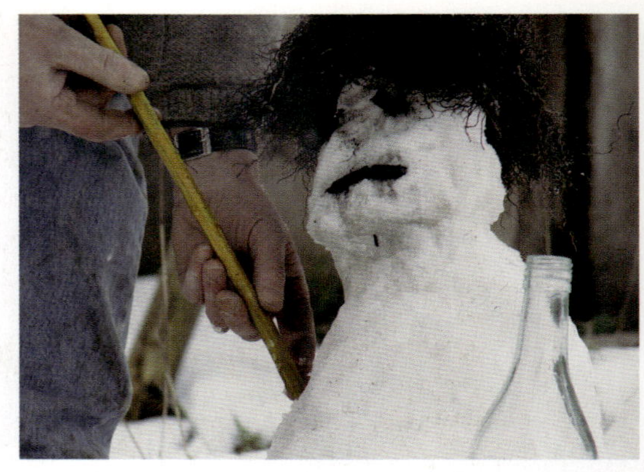

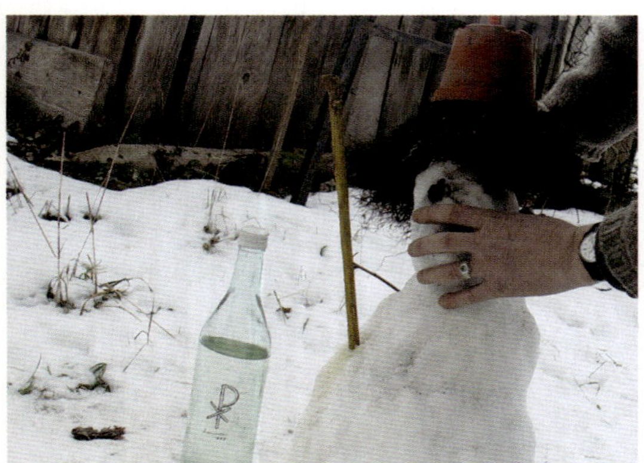
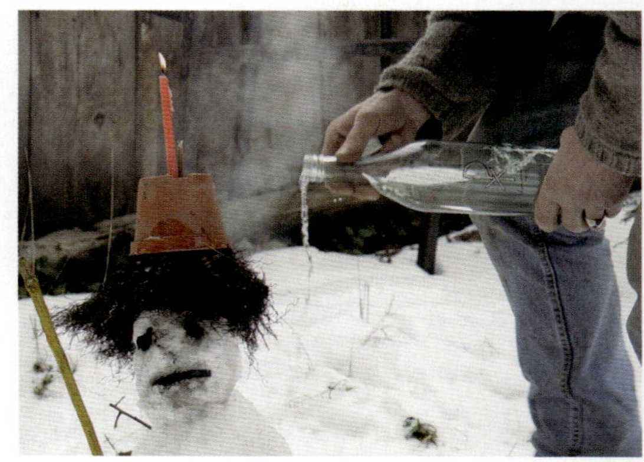

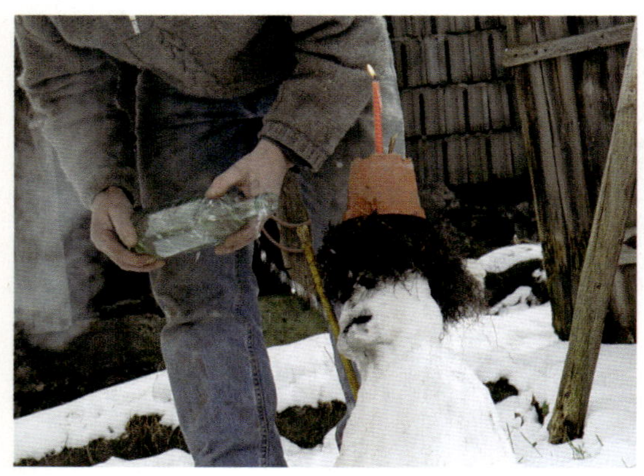
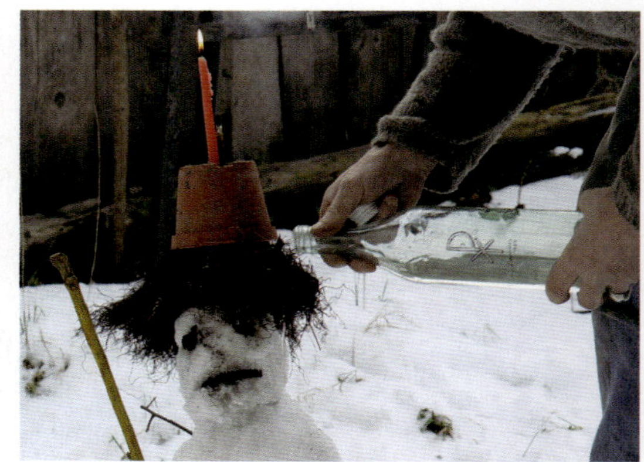

Home Voodoo I, 2004
15 Leuchtkästen/light boxes
je 30 x 40 cm

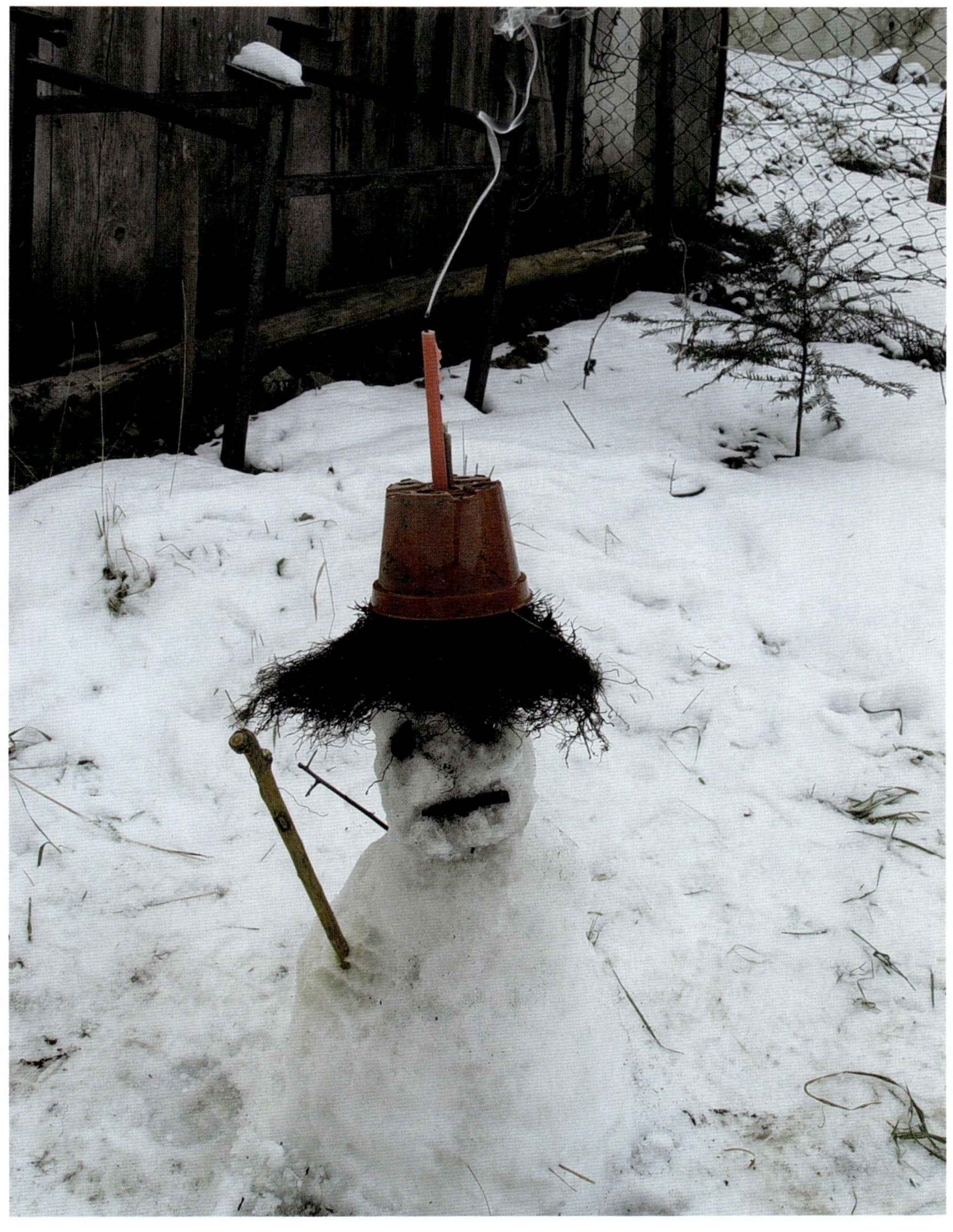

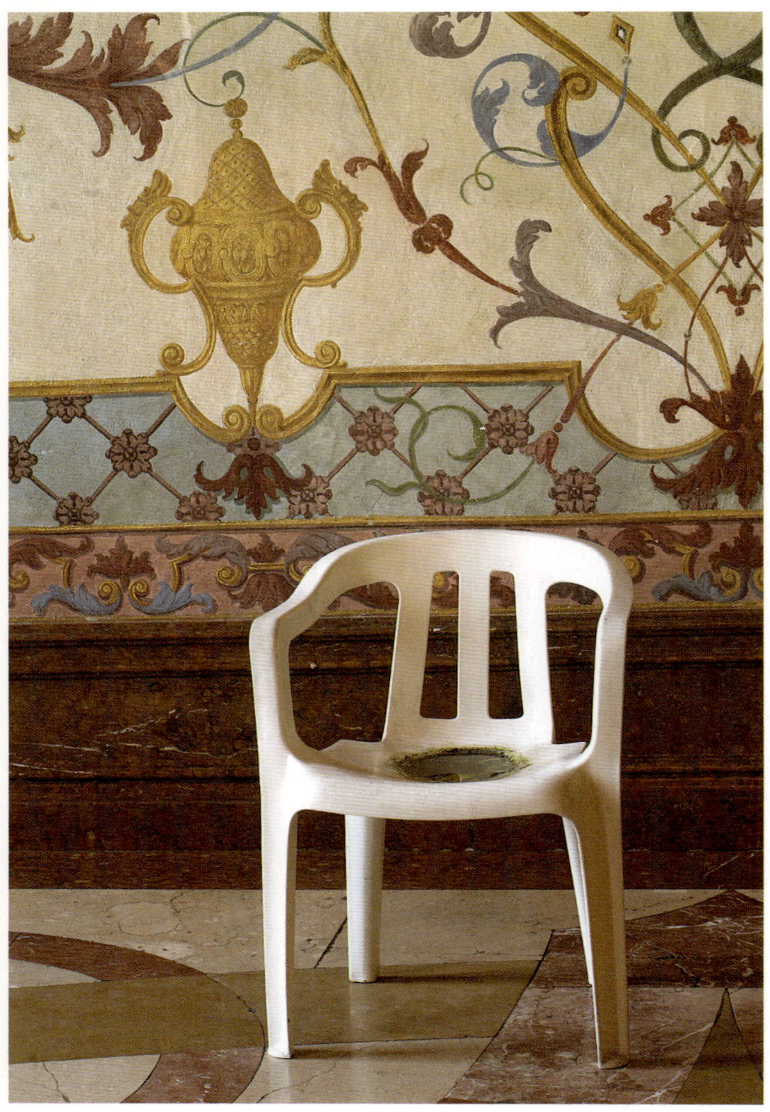

Ohne Titel, 2002
weißer Plastikstuhl, Wasser, Algen
white plastic chair, water, algae

Lois & Franziska
Weinberger

Lois Weinberger
1947 geboren / born in Stams; lebt und arbeitet /
lives and works in Wien / Vienna

Franziska Weinberger
1953 geboren / born in Innsbruck; lebt und arbeit /
lives and works in Wien / Vienna

Zusammenarbeit seit / teamwork since 1999

Einzelausstellungen (Auswahl) / Solo shows (selection)
2008 Lentos Kunstmuseum Linz
2007 Kunsthalle Gießen
2006 Arnolfini, Bristol
2005 S.M.A.K., Stedelijk Museum voor Actuele Kunst, Gent
2004 Kunsthallen Brandts Kleadefabrik, Odense
2003 Kunstverein Hannover
Villa Merkel Esslingen
2002 Douglas Hyde Gallery, Dublin
Bonner Kunstverein, Bonn
Galerie im Taxispalais, Innsbruck
2000 Museum Moderner Kunst Stiftung Ludwig Wien 20er Haus,
Wien / Vienna
Freud Museum London
Camden Arts Centre, London
1999 WATARI-UM Museum of Contemporary Art Tokio

Gruppenausstellungen (Auswahl) / Group shows (selection)
2007 Untitled (Plant Book), The Horticultural Society of New York
Garten Eden — Der Garten in der Kunst seit 1900,
Kunsthalle Emden
Gartenarchiv.Gartenlust, Belvedere, Wien / Vienna
2006 Future Garden, Toyota Municipal Museum of Art, Toyota
2004 HORTUS botany and empire, Liverpool Biennial
2003 Now What? Dreaming of a better world in six parts, BAC Utrecht
2002 Making Nature, Nikolaj Contemporary Art Center,
Kopenhagen / Copenhagen
Uncommon Denominator, Massachusetts Museum of Contemporary Art
2001 Locus / Focus, Sonsbeek 9, Arnheim
1999 Zeitwenden, Kunstmuseum Bonn; Museum Moderner Kunst
20er Haus, Wien / Vienna
1998 HIRIYA-DUMP, Tel Aviv Museum of Art
La Ville, Le Jardin, La Mémoire, Villa Medici, Rom
1997 Documenta X, Kassel
1991 Biennale Sao Paulo

Der Kreationismus verschanzt sich in seinen Schützengräben an den Grenzen des Wissens

„Wir haben uns auf die Seite der Wissenschaft geschlagen trotz der offenkundigen Absurdität einiger ihrer Konstrukte, trotz der Nichterfüllung einiger ihrer extravaganten Versprechen, die den Tod und das Leben betreffen, und trotz der Toleranz einer wissenschaftlichen Gemeinschaft für unbegründete, aus dem Ärmel geschüttelte Geschichten. Es sieht so aus, als ob wir eine vorherige Verpflichtung eingegangen wären, und zwar eine Verpflichtung zum Materialismus. Im Grunde zwingen uns die (natur-)wissenschaftlichen Methoden und Institutionen nicht dazu, eine materielle Erklärung für die phänomenologische Welt zu akzeptieren. Ganz im Gegenteil sind wir wegen des A-priori-Festhaltens am Materialismus gezwungen, einen Apparat bestehend aus Untersuchungen und einem Set an Konzepten, die materielle Erklärungen generieren, weiterhin zu unterhalten – unabhängig davon, wie unmittelbar und wie irreführend diese seien. Darüber hinaus ist der Materialismus absolut und allgegenwärtig, so dass wir keinen göttlichen Fuß in der Tür dulden können.“[1]

„Die allerersten Wissensformen, über welche wir uns gewundert haben und die uns überrascht haben, wurden im Gegensatz zu den absichtlichen Erkenntnissen nicht gesucht, sondern sie zeigten sich uns in Form einer Offenbarung, ohne das Bewusstsein darüber zu haben, dass es sich dabei um das Resultat unserer eigenen Erfahrung handelte. Diese Erfahrung ist weder ein gefühltes noch ein gelebtes Produkt unserer beginnenden und embryonalen Aktivität der Reflexion über die Erfahrung unserer eigenen menschlichen Existenz. Es ist eher etwas außerhalb von

1 Richard C. Lewontin: *Billions and Billions of Demons, The New York Review of Books, Bd. 44, Nr. 1, 9. Januar 1997, S. 31*

uns Liegendes, was sich als eine Wahrheit entpuppt, als ob uns etwas oder jemand es sagen würde. Wir können das Resultat auf unsere eigenen embryonalen Aktivitäten zurückführen, welches wir nicht gesucht und reflektiert haben, und dieses dann in Beziehung zu einer Ordnung der Offenbarung stellen ...

Der monopolisierte Gebrauch der Kontrolle und die Begrenzung über die primären Wissensformen – gemeint sind der magische und religiöse Realismus – stellt einen Grundpfeiler der moralischen Verteidigung sozialer Ungerechtigkeit dar. Durch die Konstruktion und Aufrechterhaltung der Unwissenheit, das Bremsen der wachsenden Tendenz zur reflexiven Fähigkeit der Massen sowie durch hemmende Maßnahmen, die intellektuelle Entwicklung nicht weiter zu fördern, wurde die Masse infantilisiert und stattdessen in der unsichersten Etappe der intellektuellen Entwicklung belassen. Diese Entwicklungen haben sich letztendlich verdichtet und in ein transzendentes und wertvolles, brauchbares und notwendiges Ziel verwandelt: Es diente dazu, die materiellen Lebensbedingungen vieler Völker durch Enteignung und Aneignung zu verschlechtern."[2]

„Der normative und einseitige Respekt gegenüber den Eltern kann auf die Kindesliebe zurückgeführt werden, welche aus einer Mischung aus Liebe und Angst besteht. Das moralische Pflichtgefühl nährt sich aus genau dieser Form des Respekts gegenüber der Norm. Daraus folgt: Der Erhalt der Normen wird durch den Respekt des Kindes gegenüber seinen Bezugspersonen verursacht und verfestigt. Die psychologische Entstehung des Religiösen basiert auf dieser eben beschriebenen Art von Heteronomie des ursprünglichen Respekts gegenüber den Elternparteien."[3]

 Wie entstand das Leben? Was ist das Bewusstsein? Wann beginnt das Bewusstsein eines Menschen zu existieren? Wann begann sich beim Menschen das Bewusstsein über die eigene Existenz herauszubilden? Diese und noch weitere für die Wissenschaft offene Fragen dienen den Kreationisten als Beweis dafür, dass es sich bei der Evolutionstheorie von Darwin und Wallace nicht um eine nachgewiesene Tatsache handelt, sondern lediglich um eine reine Hypothese. Dies gilt ihrer Auffassung nach ebenfalls für die Gültigkeit des Intelligent Design, welches bisher nicht Bestandteil der Lehrpläne ist.

Der offene Kulturkampf zwischen der Evolutionstheorie und dem

2 Juan Carlos Marín: La conciliación de los victimarios: una larga historia a propósito del genocidio, Página 12, 2. September 2001, Universidad Popular Madres de Plaza de Mayo/Zeitungsbeilage

3 Edna Muleras: Sacralización y desencantamiento. Las formas primarias del conocimiento del orden social, Editorial Miño y Dávila, 2008, S. 117

Kreationismus wird seit der Veröffentlichung von Darwins Schrift „On the Origin of Species" (1859) (dt. „Die Entstehung der Arten", 1860) vor beinahe 150 Jahren stets sehr dynamisch ausgetragen und hat in der Diskussion unterschiedliche Maßstäbe gesetzt und geografische Varianten hervorgebracht. Im Mittelpunkt steht jedoch die ideologische Komponente, welche den Kampf der Erkenntnis zwischen der Autonomie – gemeint ist die Denkfreiheit – und der Heteronomie – gemeint ist das Prinzip der Autorität als Quelle der ersten erklärenden Instanz – bestimmt. Diese grundsätzliche Inkompatibilität lässt sich zwischen zwei verschiedenen Formen der Wissensaneignung verorten: Es handelt sich zum einen um eine neuartige und minoritäre Art und Weise der Erlangung von wissenschaftlichen Erkenntnissen, die auf dem Experiment und der Beweisführung basiert. Zum anderen geht es um eine ältere und weitverbreitete Form zur Wissenserlangung, welche methodisch mittels der Offenlegung operiert.

Der Kreationismus ist eine (all-)gegenwärtige Ideologie, die als Theorie aus der Defensive geboren wurde. Sein Diskurs hat sich seit der Industriellen Revolution verstärkt und wurde insbesondere im Machtfeld und Kontext von Institutionen der (Schul-)Pädagogik und der Wissenschaft weiterbetrieben. Vor dem Hintergrund dieser Entwicklung unterlag der Diskurs einer Reifung, mutierte, passte sich immer wieder an neue politische Strömungen an, und dies seit Beginn der wortwörtlichen Auslegung der Bibel im angehenden 19. Jahrhundert über die neueste Erscheinungsform des Intelligent Design (ID) in Amerika. Intelligent Design behauptet, das Leben sei zu komplex, als dass es durch die Evolution entstanden sein könne. Es müsse durch eine Art allmächtigen Designer konzipiert worden sein – wer das sein soll, wird nie gesagt – der zudem als übermenschlich und unergründlich charakterisiert wird. Dabei wird in der öffentlichen Diskussion weder die Bibel als Quelle noch ein bestimmter Gott als Urheber genannt.

„Intelligent Design (ID) has itself been intelligently designed to circumvent legal challenges to the teaching of biblical creationism challenges based on the constitutional requirement of a separation of church and state."[4]

4 Richard C. Lewontin: The Wars Over Evolution, The New York Review of Books, Bd. 52, No. 16, 20. Oktober, 2005, o. S.

„Intelligent Design (ID) ist selbst auf eine kluge Art und Weise konzipiert worden, um die gesetzlichen Rahmenbedingungen, die mit dem Lehren der religiösen Inhalte des Kreationismus verbunden sind, zu umgehen, weil diese letztendlich auf der konstitutionellen Trennung von Kirche und Staat beruhen."

Die mediale Aufmerksamkeit, die dem Konzept des Intelligent Design zuteil wurde, ist nicht das Resultat einer wirkungsvollen Interaktion zwischen dem Diskurs und der umgebenden Welt mit den in ihr ablaufenden naturwissenschaftlichen Prozessen, auf die es Bezug nimmt. Seine weite Verbreitung ist vielmehr ein Indikator für das reale Machtfeld – materiell als auch kulturell betrachtet – aus dem Lager der religiösen Rechten Nordamerikas. Die Rechte, ehemals eine politische Minderheit, übernimmt langsam die kulturelle Hegemonie. Zurückführen lässt sich diese Vorherrschaft auf ihre Organisationsform in elitären Clubs und Netzwerken, die während der Präsidentschaftswahlen 2004 in der Lage waren, große Teile der Bevölkerung für sich zu gewinnen, und dadurch einen Beitrag zur Wiederwahl von George Bush geleistet haben.

Die radikalsten Vertreter unter den Materialisten des 19. und 20. Jahrhunderts vertrauten darauf, dass sich die naturwissenschaftlichen Erkenntnisse rasant und irreversibel in die Köpfe der gesamten Menschheit ausbreiten würden und somit auch die religiösen Inhalte wie beispielsweise ein immaterieller Gott in Vergessenheit geraten würden. Es ist offensichtlich, dass dieser Zustand nicht eingetreten ist. Einer aktuellen Meinungsumfrage in den USA zufolge glauben 28 Prozent der Biologielehrer der Sekundarstufe und 13 Prozent der Bevölkerung nicht, dass Gott oder eine andere übermenschliche Instanz die Welt erschaffen habe – und dies erstaunlicherweise in einem Land mit der besten Infrastruktur für die naturwissenschaftliche Forschung.[5] In ihrem Artikel „Evolution and Creationism in America's Classrooms: A National Portrait" beenden die Forscher ihren Artikel mit dem folgenden Vorschlag: „Our study suggests that requiring all teachers to complete a course in evolutionary biology would have a substantial impact on the emphasis on evolution and its centrality in high school biology courses. In the long run of such a change could have a more far reaching effect than the victories in courts and in state governments."[6]

„Unsere Studie deutet darauf hin, dass es notwendig erscheint, dass alle Lehrer einen Kurs über die Theorie der Evolution besuchen sollten. Dies würde eine beträchtliche Auswirkung auf die Gewichtung und Bedeutung der Evolutionsbiologie im Biologieunterricht in der Sekundarstufe

5 Michael B. Berkman/ Julianna Pacheco Sandell/ Eric Plutzer: Evolution and Creationism, in: America's Classrooms: A National Portrait. PLoS Biology, Mai 2008, Bd. 6, Ausg. 5, o. S.

6 Ebd.

haben. Längerfristig betrachtet würde eine solche Veränderung einen weit reichenderen Effekt als die bisherigen Gewinne an den Gerichten und Staatsregierungen erzielen."

Die Herausforderungen in Bezug auf die Ausdehnung und das Recht auf Ausübung naturwissenschaftlicher Forschung durchdringt auch institutionelle Räume der Pädagogik und Politik. Die pluralistischen Weltbilder entstehen heutzutage nämlich nicht ausschließlich im Hörsaal oder Plenarsaal.

Das größte durch die Wissenschaft nicht erfüllte Versprechen gegenüber den bürgerlichen Revolutionen bezog sich auf die Möglichkeit einer autonomen Beziehung zwischen dem Individuum und der Natur. Die Suche nach der Wahrheit sollte jedoch nicht auf dem Prinzip der Autorität beruhen. Dieser Zustand charakterisiert in keinerlei Hinsicht die heutige Situation der wissenschaftlichen Arbeit. So lässt sich stattdessen die Mehrheit der heutigen Wissenschaftler eher als bezahlte Konformisten beschreiben denn als leidenschaftliche Verfechter der Ideale von Freiheit, Gleichheit und Brüderlichkeit.

Aus diesen Gründen und angesichts der zunehmenden ökologischen Katastrophe, mit der wir gegenwärtig konfrontiert sind, erfordert die Diskussion über das Wesen der Naturwissenschaft mehr als nur Beweise und Argumente über die Gültigkeit der Theorie der Evolution. Wer daran glaubt, dass eine neue Etappe des Zusammenlebens zwischen unserer Spezies und der Natur möglich wäre, muss verstehen lernen, dass es eine Vielfalt an verschiedenartigen Identitäten gibt und sich unter diesen eine nicht zu unterschätzende Anzahl von religiösen Fundamentalisten befindet. Daher ist es notwendig, kulturelle Strategien und Taktiken zu entwickeln, welche die Existenz der verschiedenen Konzeptionen der Welt und der Art und Weise, wie diese konstruiert werden, anerkennen.

Unter den religiösen Konzepten lassen sich unterschiedliche Rollenzuweisungen an eine übermenschliche Instanz in der Naturwissenschaft finden. Für einige Gläubige, dazu zählen auch die Fundamentalisten, greift Gott in alle Prozesse des Lebens ein. Für andere, wie beispielsweise für die Gruppe der Deisten, ist die göttliche Intervention insofern beschränkt, als dass Gott sozusagen die Rahmenbedingungen für die Entstehung der Welt schuf und die entsprechenden Spielregeln erfand. Bei diesem Konzept von Weltentstehung ist die stetige Veränderlichkeit einer Art ohne vorhersehbare Instruktionen inbegriffen; Gott übernimmt dabei immer die Rolle der Führung und agiert im Hintergrund. Alfred R. Wallace, der zu denselben Schlüssen wie Darwin auf einer seiner Expeditionen kam, war der Meinung, dass das Prinzip der natürlichen Selektion für alle erdenklichen Arten und Lebewesen Gültigkeit besaß – mit Ausnahme des menschlichen Gehirns.

Der Gläubige schließt einen inneren Pakt mit der Repräsentation einer übermenschlichen Macht ab. Diese Repräsentation verhindert die Möglichkeit der unendlichen Expansion der Assimilierungsschemata, mit welchen die Welt interpretiert wird, als auch ihre potentielle Erweiterung in ein unendliches Universum. Aber die Grade der Freiheit sind bei der Vorstellung eines interventionistisch agierenden Gottes sowie beim Gottesbild verbunden mit der Eigenschaft des Laisser-faire nicht dieselben. Genau aus diesem Grund existieren sehr unterschiedliche subjektive Vereinbarungen parallel, die es den Wissenschaftlern erlauben, ihrer Arbeit von Montag bis Freitag gemäß einer materialistischen Tradition nachzugehen, ohne ihren Glauben an einen Gott leugnen und ohne ihre Glaubensgemeinschaft verraten zu müssen. Aber es handelt sich um ein unstabiles Gleichgewicht, das vonseiten der Beteiligten Kraft und Ausdauer verlangt, um zusätzliche Konflikte zu vermeiden.

Das Bewusstsein über sich selbst erlangt das Kind aufgrund der Einschränkungen, die ihm durch Andere – die Erwachsenen – auferlegt werden. Die Bereitwilligkeit zum Gehorsam gegenüber der Autorität erlernt das Kind bereits sehr früh durch die Erziehung, und sie verankert sich dadurch in seiner Persönlichkeit. Die Erfahrungen der allerersten Kinderjahre sind hingegen fast gänzlich vergessen. So können sich die im Mutterleib über die ersten Erfahrungen nach der Geburt legen und sich später in Form von Traumata oder angeborenen Neigungen äußern. Für Personen, die eine religiöse Sozialisation erfahren haben, ist diese Tatsache von großer Bedeutung. Ohne Zweifel zeigt uns die Geschichte, dass sich unter bestimmten Umständen die Infragestellung der Autorität und die Kooperation zwischen Gleichgesinnten als produktiv herausstellt und sich im Prozess neue (Denk-) Räume eröffnen, die Fragen der Ethik, der Moral und des Geistes thematisieren, indem sie diesen Prozess der Autonomie des Bewusstseins bevorzugen. Analog zu der geistigen Entwicklung eines Materialisten, der eine Phase des magischen Denkens durchläuft, hat das naturwissenschaftliche Wissen seinen Ursprung in Erkenntnis- und Wissensformen des Religiösen.

Mit großem Enthusiasmus folgte Charles Darwin damals der Einladung von Fitz-Roy, ihn auf seiner Reise an Bord der Beagle zu begleiten, um Beweise für die Schöpfungsgeschichte der Bibel zu finden. Darwin hatte sein Medizinstudium abgebrochen, um sich auf eine Zukunft als anglikanischer Priester vorzubereiten. Dieser Prozess der Transformation war nicht einfach für ihn. Zur selben Zeit behaupteten die Geologie und die Biologie, damals noch junge wissenschaftliche Disziplinen, dass 1.) die Erde über 6000 Jahre alt sei, 2.) sich eine frappierende Ähnlichkeit zwischen den Knochen der vorsintflutlichen Tiere und den damals noch lebenden Tieren feststellen lasse, 3.) sich die Lebewesen in einer Art genealogischen Stammbaums mit unterschiedlichen verwandtschaftlichen Graden anordnen lasse und 4.) die Verwandtschaft zwischen zwei Arten oftmals derart augenscheinlich sei, womit sich die These einer voneinander unabhängigen Entwicklung nicht verifizieren lasse. Diese Erkenntnisse lösten in Charles Darwin einen tiefen Konflikt mit seiner sozialen Ordnung und seiner eigenen Identität aus. Letztendlich hatte er große Angst vor den Reaktionen, die sein Werk auslösen würden. Nicht einmal seine religiöse Vergangenheit konnte seinen leidenschaftlichen Willen zur Erkenntnis bremsen und ihn daran hindern, seine wissenschaftlichen Ergebnisse zu verbreiten.

Federico Geller

Creationism digs its trenches at the front line of knowledge

"We take the side of science in spite of the patent absurdity of some of its constructs, in spite of its failure to fulfill many of its extravagant promises of health and life, in spite of the tolerance of the scientific community for unsubstantiated just-so stories, because we have a prior commitment, a commitment to materialism. It is not that the methods and institutions of science somehow compel us to accept a material explanation of the phenomenal world, but, on the contrary, that we are forced by our a priori adherence to material causes to create an apparatus of investigation and a set of concepts that produce material explanations, no matter how counter-intuitive, no matter how mystifying to the uninitiated. Moreover, that materialism is absolute, for we cannot allow a Divine Foot in the door."[1]

1 Richard C. Lewontin: Billions and Billions of Demons, The New York Review, 9 January 1997, vol. 44, No 1, p. 31

"The first forms of knowledge, that astonish and surprise us, have not been intentional or seeked for, but rather arise as revelations. We are not conscious about the fact that they are a result of our own experience. Latter we neither feel nor live them as a product of our incipient mental evaluation at an early stage of our own human actions. In fact we consider it as something 'from outside' that inhabits us like a truth that something or someone 'tells us'. With our early-stage mode of thinking, we assign the obtained result we have not searched for, to a revelation order …
With the monopolized use of control and the limitation of the primary forms of thinking – of magic and religious realism – finally a solid pillar has been constructed for the moral defence of social unfair commands. Ignorance is built up and maintained, the growing tendency towards the development of the mental capacity of the masses detained and their usage inhibited, as their thinking and their forms of knowledge might become increasingly complex.

This way, they manage to 'infantilize' them and keep them at a stage of insecurity in their intellectual development. All this turned into a transcendent and valuable aim, which was useful and necessary for the ones who handled the major concentration of expropriation and appropriation of the peoples' material living conditions."[2]

"Our respect for our parents, based on the filial love understood to be a mixture of love and fear, is a source of normative, unilateral respect.
The sense of moral obligation is nurtured precisely by this respect for the rules. The maintaining of this respect for the rules originates in the respect the child has for those who impose them. The psychological genesis of the idolized conscience is founded on this innate heteronomy with regard to parental ties."[3]

What are the origins of life? What is the conscience? When does the individual's conscience begin to exist? When did the conscience begin to exist in humankind? Questions that, for scientists, are regarded as the boundaries of as yet unchartered territory are considered by Creationists as proof that Evolutionary Theory is not a proven fact, but a mere hypothesis, as valid as any other – such as Intelligent Design – that does not appear in school programs.

The cultural conflict between the Theory of Evolution and Creationism, ongoing since the publication of "The Origin of the Species" 150 years ago, has been hugely dynamic: it has numerous territorial stages and variations. However, its principal and most impassioned ideological component is the open struggle in the field of knowledge between autonomy – freedom of thought – and heteronomy – the principle of authority as the first source of explanation. The principal incompatibility arises between the two very different means of generating conceptions of the world: a very recent and minority approach, based on experimentation and demonstration, and an older and more widespread one which is based on revelation.

Creationism is an ideological movement that was born on the defensive. Its discourse has been forged in disputes over institutional resources and spaces with secular educational and scientific sectors, which have gained strength since the Industrial Revolution. It is within this context that the discourse has been developed, displaying the capacity to mutate and adapt to new political situations, from the literal defence of the Bible, in its beginnings in the 19th century, through to Intelligent Design, which is the latest American product. In this new format, neither the Bible nor God is directly mentioned. Its main line of argument is based on the supposed need for a superior being in order to explain the existence of such complex biological structures that only a mind superior to

2 Juan Carlos Marín: La Conciliación de los Victimarios (The Conciliation of the Murderers) Página 12, 2 September 01, Supplement Madres de Plaza de Mayo (The Mothers of Plaza de Mayo)

3 Edna Muleras: Sacralización y Desencantamiento (Sacralization and Disenchantment), Miño and Dávila/ UBA, 2008, p. 117

that of humans – and, therefore, unfathomable – would be capable of imagining and creating.

"Intelligent Design (ID) has itself been intelligently designed to circumvent legal challenges to the teaching of biblical creationism, challenges based on the constitutional requirement of a separation of church and state."[4]

The privileged position that Intelligent Design has held within the media is not the result of efficient correspondence between the discourse and the natural processes it makes reference to. Its widespread diffusion is rather more an indicator of the power enjoyed in material and cultural terms by the American religious right, a minority sector strengthened by highly elite networks and groups, though also capable of establishing alliances with large sections of society, such as the voters who re-elected Bush in 2004.

The most radical materialists of the 19th and 20th century trusted that scientific knowledge would disseminate quickly and irreversibly among the human minds and consign „religious cons" of all kinds to oblivion. Clearly this has not been the case. A recent survey carried out in the US on the beliefs of second-grade biology teachers and of the general population shows that, in a country which boasts the greatest scientific infrastructure in the world, those who do not believe that God has participated either as guide or creator in human evolution number just 13 percent of the population and 28 percent of teachers.[5] The researchers conclude their article with a healthy proposal: "Our study suggests that requiring all teachers to complete a course in evolutionary biology would have a substantial impact on the emphasis on evolution and its centrality in high school biology courses. In the long run, the impact of such a change could have a more far reaching effect than the victories in courts and in state governments."[6]

However, the challenges faced by taking a more rational view on Natural History are numerous and transcend the institutionalised educational and parliamentary spaces. The ways in which one conceives of the world are not exclusively developed in classrooms.

The greatest promise unfulfilled by the science of the bourgeois revolutions was that of an independent relationship between the individual and nature, guided by the search for truth and not by the principle of authority. This is not what characterizes scientific labour today, since the majority of scientists are closer to being wage-earning conformists than passionate freedom fighters, striving for equality and brotherhood.

4 Richard C. Lewontin: *The Wars Over Evolution*, vol. 52, No 16, 20 October 2005, without p.

5 Michael B. Berkman/ Julianna Pacheco Sandell/ Eric Plutzer: *Evolution and Creationism in America's Classrooms: A National Portrait. PLoS Biology*, Mai 2008, vol. 6, issue 5, without p.

6 Ibidem

For these reasons, a discussion on the nature of Natural History in an age of increasing ecological disaster, such as we are currently facing, requires far more than evidence and arguments proving the validity of evolution. In order to create hope of a new alliance between our species and nature, we must take the enormous diversity of identities, the majority of which are believers, into account. It is necessary to develop cultural strategies and tactics that acknowledge the existence of these multiple conceptions of the world and the ways in which they are come by.

From among the many religious conceptions, it is possible to identify several different roles attributed to a superior being in Natural History. For some believers, the most fundamentalist, God intervenes in the processes and stages of all living creatures. Others, such as the Deists, believe that divine intervention is limited to the creation of the initial conditions and rules of play, while allowing for the development of some evolutionary changes. In this theory, though, God participates as guide, at least at certain crossroads. Alfred R. Wallace, who drew the same conclusions as Darwin during an independent exploration expedition, considered Natural Selection to be valid for all manifestations of nature with the exception of the human brain.

The believer establishes an internal pact with his representation of a superior power. This representation hinders the possibility of an indefinite expansion of the assimilation schemes with which he interprets the world: the potential expansion of the universe of possibilities. However, the relative degrees of freedom are not the same when considering God as a compulsive interventionist as for a laisser-faire God. This explains the existence of varying degrees of subjective negotiation, which allow many scientists to do their job from Monday to Friday according to the materialist tradition without renouncing their beliefs in God and thus their religious community. However, this is an unstable balance that requires extra effort in order to avoid conflicts.

The conscience comes into being in the child as a result of the limitations imposed by adults. It is for this reason that obedience to authority is established within a child's subjectivity by his early experiences. The experiences of our early years are forgotten. Those experiences that occur later, built upon the first ones, may be naturalized or traumatically remembered. This applies equally to those who have had a religious upbringing as to a secular one. Nevertheless, history shows us that, under certain circumstances, the cooperation between equals and the questioning of the authority open the doors to a process that promotes the self-determination of the conscience. In the same way that a materialist passes through a stage of a magical thought during his individual development, scientific knowledge has its historical origins in forms of religious knowledge.

Charles Darwin enthusiastically accepted Fitz-Roy's invitation to take a cruise aboard the Beagle in order to collect evidence in favour of the Bible. Having abandoned his medical studies, he now saw himself as a future Anglican priest. His transformation was not an easy process for him. The natural objects he came across during his journey spoke to him of an earth far older than the 6000 years cited in the Bible. Bones of Antediluvian animals were far too similar to those of living ones and the species seemed to arrange themselves in a genealogical tree with different degrees of kinship, like a huge family that did not require acts of independent creation. All this led Darwin to be in profound conflict with the social order and his own identity. He was afraid of the reactions that his work might provoke, but his religious past did not embarrass him nor stop his passionate will to know and to build knowledge.

Federico Geller

Impressum / Colophon

Der Katalog erscheint anlässlich der Ausstellung
„observing beast, time, evolution. Kunst und Naturwissenschaft"
des Kunstvereins Hildesheim und des Roemer- und Pelizaeus-
Museums Hildesheim vom 7. September bis 2. November 2008.
This catalogue is published on the occasion of the exhibition
"observing beast, time, evolution. Art and Science"
at the Kunstverein Hildesheim and the Roemer- und Pelizaeus-
Museum Hildesheim, 7 September to 2 November 2008.

Herausgeber / Editor: Elke Falat, Sabine Mila Kunz
Grafik / Design: Annette Kern
Lektorat / Proofreading: Sophie Reinhardt, Angela Lautenbach
Redaktionelle Mitarbeit: Kristina Thrien, Tim Brand
Übersetzungen / Translations: Judith Kraus, Cynthia Krell,
George Frederick Takis, Michael Wolfson
Bildnachweis / Photo credits: S.73 Dorothea Lindemann,
S.74/75 Stefan Kaltenbach, S.37/38 und S.41 Shavokh Shalchi
Druck / Printing: Leinebergland Druck GmbH u. Co KG, Alfeld

Die Deutsche Nationalbibliothek verzeichnet diese Publika-
tion in der Deutschen Nationalbibliografie;
detaillierte bibliografische Daten sind im Internet über
http://dnb.ddb.de abrufbar.
The Deutsche Nationalbibliothek holds a record of this
publication in the Deutsche Nationalbibliografie; detailed
bibliographical data can be found under http://dnb.ddb.de.

Gesamtvertrieb / published by
Kerber Verlag, Bielefeld
Windelsbleicher Str. 166–170, 33659 Bielefeld, Germany
Tel: +49 (0) 5 21-9 50 08-10 Fax: +49 (0) 5 21-9 50 08-88
E-Mail: info@kerberverlag.com, www.kerberverlag.com

Kerber, US Distribution
D.A.P., Distributed Art Publishers Inc.
155 Sixth Avenue 2nd Floor, New York, N. Y. 10013
Tel: +1 212 6 27-19 99 Fax: +1 212 6 27-94 84

© 2008 Kerber Verlag, Bielefeld / Leipzig
Autoren, Herausgeber und Künstler / Authors, Publisher and Artists

ISBN 978-3-86678-206-8
Printed in Germany